大学生思想政治教育工作创新与校园文化建设

王浩业　张　臻　权瑞华　著

中国纺织出版社有限公司

内 容 提 要

随着全球化的飞速发展，当代大学生的思想观念和价值取向发生了深刻变化，然而大学生的教育机制却变化不大，致使大学生教育工作的实施难以具有实效性和长效性。因此，在新的历史条件下，进一步分析大学生思想政治教育工作的时代特点及其创新意义就成为一项十分重要且具有战略意义的新课题。本书共十章，主要介绍了大学生思想政治教育的基础理论、大学生思想政治教育机制研究、师资队伍建设与管理、大学生教育理论创新研究、校园文化建设与管理、中华优秀传统文化对当今大学生教育工作的借鉴意义等。

图书在版编目（CIP）数据

大学生思想政治教育工作创新与校园文化建设 / 王浩业，张臻，权瑞华著. -- 北京：中国纺织出版社有限公司，2023.8
 ISBN 978-7-5229-0976-9

Ⅰ．①大… Ⅱ．①王… ②张… ③权… Ⅲ．①大学生—思想政治教育—研究—中国 ②高等学校—校园文化—建设—研究—中国 Ⅳ．① G641 ② G647

中国国家版本馆 CIP 数据核字（2023）第 167963 号

责任编辑：史 岩　　责任校对：高 涵　　责任印制：储志伟

中国纺织出版社有限公司出版发行
地址：北京市朝阳区百子湾东里 A407 号楼　邮政编码：100124
销售电话：010—67004422　传真：010—87155801
http://www.c-textilep.com
中国纺织出版社天猫旗舰店
官方微博 http://weibo.com/2119887771
北京虎彩文化传播有限公司印刷　各地新华书店经销
2023 年 8 月第 1 版第 1 次印刷
开本：710×1000　1/16　印张：10.5
字数：190 千字　定价：99.90 元

凡购本书，如有缺页、倒页、脱页，由本社图书营销中心调换

前　言

在现代市场经济和科学技术高度发达的今天，积极探索和改革高校思想政治工作具有重大的现实意义和深远的历史意义。

人才培养的质量，不仅直接影响我国现代化建设的发展进程，而且关系到社会主义事业的兴衰成败。学校教育，以育人为本，德智体美，以德育为先。思想政治素质是大学生的核心素质，不仅决定大学生的科学文化素质和身心健康素质，也决定大学生的综合素质。高校思想政治工作是培养社会主义建设合格人才的保证，是全面实施素质教育的根本手段。因此，我们必须从实施科教兴国的战略高度，从把大学生培养成为德、智、体、美、劳全面发展的社会主义事业建设者和接班人的战略高度，充分认识加强高校思想政治工作的战略性和迫切性。在文化多元化发展的今天，探索高校思想政治工作，是形势的要求，同时也是高校育人目标的体现。

从教育对象角度看，随着全球化的飞速发展，当代大学生的思想观念和价值取向发生了深刻变化，特别是享乐主义、个人主义和拜金主义在大学生群体中滋生，使大学生对集体主义、爱国主义、道德理想等信念的追求逐渐淡化。大学生思想观念变化之快、之大，超过以往任何时期。然而，大学生的思想政治教育机制却变化不大，致使大学生思想政治教育工作的实施缺乏实效性和长效性。因此，在新形势下，进一步分析思想政治教育工作的时代特点及其创新意义就成为一项十分重要且具有战略意义的新课题。

校园是精神文明建设的重要场所，校园文化建设就成了先进文化建设中的一个重要组成部分，是推动社会生产力进步的因素之一。校园文化关系到师生人文思想素质水平，是科学文化素质提高的重要思想保障。科技与人才是当今社会主流竞争的重要因素。优秀的人才不仅要有专业知识的武装，还需要有正确的人文理想、坚定的人生信念、积极的创新精神等。

就高校而言，校园文化是一所院校综合实力的象征，良好的校园文化可以起到凝聚人心、展示学校形象的重要作用，而校园文化对学生的人生观、价值观也可产生潜移默化的深远影响，这种影响往往是任何课程无法比拟的。

本书针对当前大学生思想政治教育工作与校园文化建设存在的问题而编写，

本书共十章，主要介绍了我国大学生教育研究工作的基础理论、大学生教育研究工作的机制问题、师资队伍建设与管理、大学生教育理论创新研究、校园文化建设与管理、中华优秀传统文化对当今大学生教育工作的借鉴意义等。

王浩业

2023 年 6 月

目 录

第一章 大学生思想政治教育的理论基础 ············ 1
- 第一节 社会主义核心价值观与大学生思想政治教育 ········ 1
- 第二节 激励理论在大学生思想政治教育中的运用 ········ 4
- 第三节 中国传统思想政治教育理论的继承 ············ 8
- 第四节 新时期大学生思想政治教育理论的实效性 ········ 11

第二章 大学生思想政治教育机制研究 ············ 15
- 第一节 构建和完善大学生思想政治教育机制的重要意义 ···· 15
- 第二节 思想政治教育机制的内涵 ················ 17
- 第三节 当前大学生思想政治教育机制存在的问题 ········ 23
- 第四节 构建和完善大学生思想政治教育机制 ·········· 27

第三章 大学生思想政治教育队伍建设与管理 ········ 31
- 第一节 大学生思想政治教育队伍建设的理论体系 ········ 31
- 第二节 大学生思想政治教育队伍的现状 ············ 32
- 第三节 大学生思想政治教育队伍的构成与素质能力要求 ···· 36
- 第四节 大学生思想政治教育队伍的管理 ············ 38
- 第五节 大学生思想政治教育队伍建设及成效 ·········· 41

第四章 大学生思想政治教育创新研究 ············ 43
- 第一节 大学生思想政治教育观念创新 ·············· 43
- 第二节 大学生思想政治教育内容创新 ·············· 45
- 第三节 大学生思想政治教育方法创新 ·············· 47
- 第四节 大学生思想政治教育载体创新 ·············· 48

第五节 大学生思想政治教育机制创新 …………………………… 50
第六节 大学生思想政治教育价值创新 …………………………… 52
第七节 大学生思想政治教育管理创新 …………………………… 54

第五章 大学生思想政治工作创新的思路与对策 ………………… 59
第一节 高校思想政治工作创新的基本原则及创新性 …………… 59
第二节 大学生思想政治教育理论创新 …………………………… 62
第三节 协同理论视角下的大学生思想政治教育创新 …………… 65
第四节 "互联网+"时代背景下高校思想政治教育的创新路径 …… 69
第五节 高校校园文化建设与思想政治教育互动模式建构 ……… 73

第六章 高校校园文化概述 …………………………………………… 77
第一节 高校校园文化的内涵及分类 ……………………………… 77
第二节 高校校园文化的基本特征与功能 ………………………… 81
第三节 高校校园文化建设的重要作用及意义 …………………… 83

第七章 高校校园精神文化建设管理 ………………………………… 87
第一节 高校校园精神文化概述 …………………………………… 87
第二节 高校校园精神文化的要素分析 …………………………… 89
第三节 高校校园精神文化建设管理分析 ………………………… 94

第八章 高校校园物质文化建设管理 ………………………………… 103
第一节 高校校园物质文化概述 …………………………………… 103
第二节 高校校园物质文化建设原则 ……………………………… 107
第三节 高校校园物质文化建设管理分析 ………………………… 109
第四节 高校校园环境规划布置 …………………………………… 114

第九章 高校校园行为文化建设管理 ………………………………… 121
第一节 高校校园行为文化概述 …………………………………… 121
第二节 校园行为文化建设的内容和意义 ………………………… 123
第三节 校园行为文化建设管理分析 ……………………………… 127
第四节 高校社团文化建设 ………………………………………… 129

第十章　中华优秀传统文化与高校校园文化 139

第一节　中华优秀传统文化与高校校园文化建设的关系 139

第二节　高校校园文化与传统文化的对接和碰撞 143

第三节　中华优秀传统文化融入高校校园文化建设的思考 147

第四节　高校校园文化之思想政治教育功能的实现途径 153

参考文献 157

第一章　大学生思想政治教育的理论基础

第一节　社会主义核心价值观与大学生思想政治教育

社会主义核心价值观集中反映了我国和谐社会所追求的价值尺度和文化观念。价值观是人生观和世界观的核心与基础。在当今价值观多样化、文化多元化的社会转型期间，在大学生中旗帜鲜明地倡导社会主义核心价值观，能够深层次地影响大学生的思想认识和行为方式，提高思想政治教育的实效。

一、社会主义核心价值观对大学生思想政治教育的重要意义

青年大学生正处于生理和心理逐步走向成熟的阶段，是世界观、人生观和价值观形成的关键时期。随着当今社会思想和价值观日趋变化，大学生的价值观也在不断发生变化，呈现出多元化特征。大学生因为缺乏生活经验，人生阅历轻薄，在纷繁复杂的多元化思潮面前，容易受到冲击和侵蚀，不能坚持自我的理想。因此，高校在思想政治教育工作中要把重心放在以社会主义核心价值观的培养和引导实践中，通过具体的、行之有效的教育方式来提高大学生对多元化思想文化的辨识能力，引导大学生深入学习核心价值观，在日常生活学习中积极传播核心价值观，成为践行社会主义核心价值观的榜样。

（一）培育和践行社会主义核心价值观是实现"中国梦"的需要

梦想的实现需要精神力量的助推和坚定信仰的支撑。中华民族伟大复兴的中国梦是一个国家和民族梦想，它描绘的是经济富强，政治民主，精神文明，社会和谐的景象。社会主义核心价值观只有"进头脑，进心灵"才能转化为建设祖国的实际行动，爱国、敬业、诚信、友善是每一位公民的行为准则。如果没有核心价值观作为改革发展的航向坐标和精神支撑，即便我们在经济发展中创造奇迹，也必将迷失在追梦的路上。

（二）培育和践行社会主义核心价值观是强化高校思想政治教育的现实要求

思想政治教育是对人的思想、道德、价值观等进行的教育和引导，大学生是未来国家的建设者，高校对他们的思想政治教育关系到党和国家的前途命运。当前高校思想政治教育工作已经取得有目共睹的成绩，但仍存在一些需要强化的地方，如部分大学生对政治理论课教育普遍持冷漠态度，缺乏吃苦耐劳、艰苦朴素的精神，诚信意识淡薄，社会责任感缺失等。多元的思想文化更加需要以社会主义核心价值观来凝聚人心、形成共识。以社会主义核心价值为主要内容的思想政治教育，可以有效引领整合纷繁复杂的社会思想意识，帮助大学生树立正确的价值观，提高思想政治素质。

（三）培育和践行社会主义核心价值观是促进大学生全面发展的迫切需要

大学生的全面发展是指大学生的智力和体力的统一协调发展，既包括人的才能发展，也包括人的道德品质等多方面的发展。大学生唯有将国家民族的发展方向作为个人理想信念的指引，使个人梦和国家梦实现同频共振，把坚定的人生信念和坚强的意志作为远大人生理想的支撑，才能使个人的聪明才智得到充分发挥，才能使个人在顺境中奋发前行，在逆境中百折不挠。

因此，高校要深刻认识社会主义核心价值观教育的重要性，凭借咬定青山不放松的毅力，抢占先机，集中力量，成为社会主义核心价值观培育和践行的"先行军"，坚定不移地做好大学生思想政治教育工作，使社会主义核心价值观成为大学生理想信念的导航。

二、对大学生进行思想政治教育应采取的对策

大学生正处于人生观、价值观形成的关键时期，他们的思想观念趋于成形，但仍有较大的可塑性；他们接受新鲜事物的能力很强，但鉴别能力明显欠缺。赢得青年就赢得未来，高校以社会主义核心价值观加强大学生思想政治教育，必须与时俱进，探索有效的教育途径与对策。

（一）以社会主义核心价值观为指导，充分发挥校园文化功能

在大学校园里，不仅政治思想工作者和全体教师要全面育人，承担起对大学生进行理想信念教育的重大责任，同时，要以校园文化为突破口，对学生最基本的行为规范加以正确引导，使学生克服那种"小事不想做，大事做不了"的不良心理和习惯，在日常生活中营造有利于培养学生进取精神和求实精神的文化氛

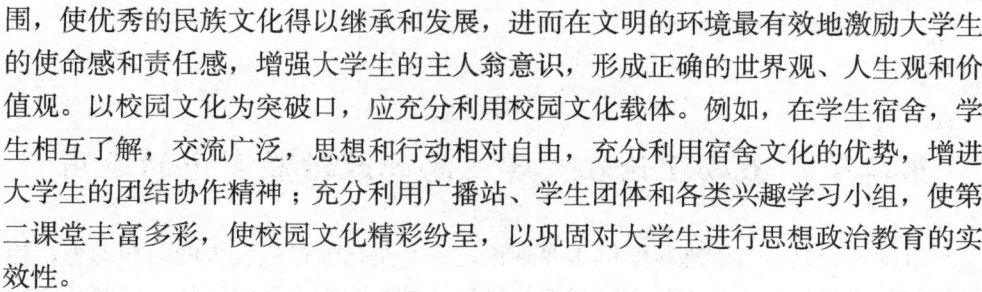

围，使优秀的民族文化得以继承和发展，进而在文明的环境最有效地激励大学生的使命感和责任感，增强大学生的主人翁意识，形成正确的世界观、人生观和价值观。以校园文化为突破口，应充分利用校园文化载体。例如，在学生宿舍，学生相互了解，交流广泛，思想和行动相对自由，充分利用宿舍文化的优势，增进大学生的团结协作精神；充分利用广播站、学生团体和各类兴趣学习小组，使第二课堂丰富多彩，使校园文化精彩纷呈，以巩固对大学生进行思想政治教育的实效性。

（二）以社会主义核心价值观为指导，充分发挥网络功能

当代大学生是渴求知识的一代，传统的教育方式已经不能满足他们的求知欲望，以互联网教育为媒体的新的教育方式已为大学生所青睐。然而，互联网是一个没有国界和地域的全新媒体，由于西方发达国家对大量信息的垄断，他们借助互联网传播其思想、文化和语言，宣扬负面内容，这极其不利于大学生接受和树立传统的文化观念，接受民族意识、爱国主义思想教育，使大学生是非观念模糊，理想信念淡化，世界观、人生观和价值观扭曲。因此，高校必须借助互联网占领这一教学媒体，加强正面引导，大力宣传主导思想价值观，提高大学生正确运用网络的能力。

（三）以社会主义核心价值观为指导，充分发挥人生导师的功能

人生导师是高校思想政治工作的新尝试。目前，高校针对学生思想状况，聘请了阅历丰富、德高望重的老同志和"两课"教研室的部分教师担任大学生的人生导师。人生导师利用业余时间深入班级了解学生关注的热点、难点等思想情况，平时通过各班学生信息员定期向人生导师汇报学生中存在的各种思想问题，及时了解掌握学生思想动态，有的放矢地进行教育。例如，人生导师针对学生思想中存在的问题进行单独座谈、集体解答或专题讲座。针对新生进行理想信念、世界观、人生观、价值观教育，引导教育学生树立正确的学习目的，端正学习态度。针对大二、大三学生，主要引导他们如何成才，对大四学生着重进行择业指导，解决学生就业方面盲目性心理和择业理想化问题，帮助学生对当前就业形势进行分析，使学生就业定位准确。通过这些扎实有效的思想教育，使学生思想稳定，专业思想牢固，更加坚定了中国特色社会主义的理想信念和人生价值观。

总之，以社会主义核心价值观为指导，坚持多种形式，加大对青年学生思想政治教育的力度；坚持通过宣传教育，传播正确的思想；要坚持多种形式的正面教育，促进青年学生树立正确的世界观、人生观和价值观，从而促进当代大学生树立远大理想和正确的人生追求，在实践中创造有价值的人生。

第二节　激励理论在大学生思想政治教育中的运用

激励理论是西方管理科学的重要理论之一，是指通过激发人的内在动力，使人朝着所期望的目标前进的心理和行为过程，是个体行为研究的核心问题。激励理论的宗旨在于激发和调动人的主动性和创造性，从而提高工作绩效。高校思想政治教育工作，是通过调动大学生的积极性，最大限度地发挥大学生的潜力，以出色地完成各项学习和工作任务。因此，管理学理论中关于激励的理论，可以被恰当地运用到高校思想政治教育工作中，使高校思想政治教育的实践在管理学理论的科学指导下顺利开展、与时俱进。具体来说，高校的思想政治教育工作，将通过激励机制来营造一定的校园环境，以激发、引导学生的行为，从而有效地实现学生奋斗目标的过程。这是一条值得探索的实践之路，同样也是高校思想政治教育工作者面临的重要课题。

一、当前思想政治教育中激励方式存在的问题

在当前大学生思想政治教育过程中，已有一些激励方式，这些激励措施在满足学生的需求，调动学生学习积极性方面起到了一定的促进作用。当代学生作为大学教育的主体对象，有极具时代特征的价值观和行为方式。因此现行的一些激励措施如奖励制度等，在实际工作中逐渐显现出弊端，使激励达不到预期效果，这就需要思想政治教育工作者打破陈规，利用科学的理论，探索更加适合他们的激励方式。

（一）物质激励过重

现代学生的生活环境相对前几代优越许多，他们主张独立与开放，追求事业成功与高品质生活，大多数学生的价值观功利色彩过重。目前高校在开展学生思想政治工作时，普遍设立一些针对优秀学生的奖项和对贫困学生的资助，这些资助作为物质激励措施在满足学生的基本生活保障，改善学习条件的基础上，能激励学生积极向上，但是这样的奖励未突出其背后隐含的精神鼓励的成分，致使学生没有怀着一颗感恩的心来接受奖励，甚至为了得奖学金而进行恶性竞争，从而滋生学生的功利心。

此外，精神鼓励的缺失也会使一些家庭经济困难的学生由于自我认识的不足或是个人性格的原因而产生自卑心理。这种消极的心理状态会使学生心灵变得脆

弱、孤立、离群、压抑，当受到周围人的轻视、嘲笑或侮辱时，自卑心理会大大加强，甚至以嫉妒、自欺欺人的方式表现出来，最终成为人际交往或实现理想的巨大心理障碍。

（二）激励方式单一

目前大多数高校的奖励形式过于追求"优中选优"，如奖励表彰的主要形式不外乎"三好学生""优秀学生干部""优秀党员""优秀团员"和各等级奖学金，受表彰对象的范围具有一定的局限性。长此以往，获得奖励对大多数学生来说可望而不可即，会逐渐丧失参与竞争的热情；而有条件获得奖励的学生则容易产生"理所当然"或是"非我莫属"的错误观念。

（三）奖励忽视个性的张扬

目前我国大多数高校的学生奖励项目仍停留在20世纪90年代水平，忽视了在新的历史条件下，因社会发展对高校学生群体的冲击而造成的群体细分趋势日益明显的现象。针对不同特点学生设立的奖项数量偏少、单一，出现由于个体存在的差异，使同样的付出不一定会收获同样结果的现象。高校的激励措施仍采用"分数万能"的方式，一些在别的领域确有专长的学生由于受成绩等方面的影响，无法成为校园主流思想中的佼佼者，而不能获得老师和同学的认同。

（四）激励教育的整体效果不佳

目前，高校虽然有一些激励措施以物质鼓励的形式出现，但在实际工作中，由于思想政治教育没有与之同步，而现有的激励制度和规章没有充分体现学生的知情权，宣传工作也不到位，使得那些能让学生受益的政策规定"事与愿违"，没有起到"以点带面"的作用，使激励的措施和效果出现简单化和庸俗化的倾向，整体效果欠佳。

二、激励理论运用于思想政治教育的重要意义

把激励理论引入大学生思想政治教育中，并赋予更新的意义，在教育目标的实现中有非常重要的作用。

（一）有利于学生的成长成才

大学整体教育的目标是使学生努力地成为中国特色社会主义事业合格的建设者和可靠的接班人。优秀人才是社会主义现代化建设的有力保障，高校又是人才培养的摇篮。通过激励，可以使原本就很优秀的学生更加优秀，使有潜质的学生最大限度地发挥聪明才智，同时使那些较为消极的学生也积极地投入学习及班级活动中来，从而提升整个学生群体的综合素质。这对于全面实施科教兴国战略和

人才强国战略,确保我国在国际竞争中立于不败之地具有重大而深远的意义。

(二)有利于"三观"的树立

高校教师肩负着教授专业知识与塑造学生健全人格的神圣使命。大多数学生都会在青春期的十字街头迷茫徘徊,此时的他们十分渴望与教师建立信任,渴望从教师那里得到正确的关于对人生、未来的指导。在人文关怀和构建和谐校园思想的主导下,教师可以用自身成长的经历或榜样的力量对学生进行情感教育,培养师生友谊,要知学生之所思,体学生之所需,更好地掌握学生的思想动态,及时发现思想问题,以情感交流的方式做好思想政治教育工作,帮助学生树立科学的世界观、人生观与价值观。

(三)有利于培养学生战胜挫折的能力

挫折是一种普遍存在的心理现象,任何人的一生中都或多或少地会遭遇挫折,这是不可避免的,大学生由于知识经验、智力水平、意志品质和个性方面存在这样或那样的缺陷,遭遇挫折时就会产生自卑、嫉妒、焦虑、消极、逆反等负面心理,深深地陷入挫折带来的苦难中,甚至失去对学习、生活的兴趣和希望,有的还会引起粗暴的消极对抗行为,以致矛盾激化,在此种情况下,尤其需要他人的积极肯定与激励,只有这样,学生才能重新树立信心,积聚力量,从头再来。把挫折看作一种教训、经验,无所畏惧的良好心态,能使大学生在今后竞争激烈的社会始终处于优势地位。

(四)有利于积极的校园文化的形成

积极向上的校园文化能培养学生的高尚人格,潜移默化地影响学生的成长,使学生从更高的境界去理解和领悟人生的真谛,从而对大学生的精神世界产生一种持久而深刻的激励力量。校园文化的内涵,包括大学教育理念、历史传统和文化底蕴,这些能够激发学生为理想而奋斗的激情;还包括学生自己组织校园活动,这不仅能充分调动学生的积极性和创造力,还能使他们找到表现和展示自我的领域,建立自信心和荣誉感。前者的形成是随着历史的演进,文化的沉淀而形成的共同信仰,是学校发展的必然结果;后者的形成则不能缺少合理有效的激励措施。这些激励措施一方面能对学生取得的成绩给予及时平等的奖励,使学生感到自我价值得到了认可和尊重,并且在周围同学中产生影响,形成一种和谐的竞争氛围,抑制不思进取、得过且过等消极情绪的滋生;另一方面,使一些在文化、体育、社会实践方面确实有专长的学生也能感觉受到奖励并非只是优秀同学的专利,使激励的作用范围逐渐扩大,从而形成积极活跃的校园文化。

三、激励理论在思想政治教育中的正确运用

（一）物质激励与精神激励相结合

根据马斯洛的需要层次论，人的需求是由低向高渐进发展的，低级需要指的是人的生理、安全需要，是人从外部获得；高级需要指的是尊重及自我价值实现的需要，是人从内部获得。也就是说，物质激励能使大学生的低级需要得到满足，高级需要的满足则来源于精神的激励。物质激励与精神激励可以满足学生不同的需要，物质激励是基础性激励，高校在开展学生工作时有针对性地给学生一定的物质奖励，有助于满足学生的基本需要，改善学习条件，进而激发学生追求理想有积极作用，特别是对经济困难的学生，其激励效果更明显。而精神激励是满足人的高层次心理需要的根本性激励，它是一种主导的、持久的激励形式，具有持续的内驱动作用，是真正的激励源泉。由于大学生在校主要目的是求知长识，其需要处在较高的层次上，因而，在思想政治教育和学生管理中应始终坚持以精神鼓励为主，以培养学生重义轻利、厚德薄物的高尚人格。

（二）集体激励和个体激励相统一

大学生交往、尊重、自我实现的需求占大学生人生需求的比重较大，所以在激励中应坚持集体激励为主的原则，并使集体激励的导向与高校育人目标一致，与学生自我发展的目标一致。在实践中，既要注意针对学生个体的特点，又要考虑目标激励的普遍适应性原则；既不能僵化地限制在过小的领域，又不能只注意个体的需求，而忽视大学生思想政治教育的内涵和对人生观、世界观、价值观的整体塑造，要始终使大学生的行为保持在教育者所期望的轨道上。同时，针对大学生个体需要的差异性，有针对性地开展个体激励，满足不同层次学生的不同需求以及社会对多样性人才的需求，做到集体激励和个体激励相统一。

（三）重视激励的公平性和及时性

激励是否公平，对大学生的思想教育工作和调动大学生的积极性有很大影响。当学生发现组织或同学对自己有了客观的评价，就会感受到公平，并激发其积极的行为方式。大学生思维敏捷，思辨能力强，对外界敏感，尤其看重教师的评价，因此教师在对学生进行激励管理过程中，不应厚此薄彼，而应坚持"公开、公平、公正"的原则，做到公平激励。同时，应当注重激励的及时性，因为对大学生行为的迅速反馈能进一步强化激励的效果。此外，应采取常规和非常规激励措施，使学生的积极行为得到组织认可并正面影响周围同学。综上所述，这种优化行为的强化会产生持续的激励效果。

（四）提升激励的整体效果

思想政治教育工作借助激励手段，通过了解学生的需求，调动学生积极性，以发挥行为导向作用的这一过程，就是我们所谓的"激励教育"。只有接受教育才谈得上激励，反过来，激励又能促进教育的推进。但是，思想政治教育过程所传授的理念并非让学生无条件地接受，而是大学生根据自己的需要，在现有价值观念的基础上，对思想政治教育者传递的教育信息进行选择性接受并整合内化，最终外化为实践活动。实际工作中，面对思想政治教育，不同的大学生会因各自不同的需要而做出不同的价值判断并导致不同的接受态度。所以，大学生思想政治教育中实行的激励教育要发挥最优效果，教师必须考虑所传授和灌输的价值观念学生是否接受，是否转化为内在的思想意识并体现于道德实践中。这就需要激励教育与大学生的思想行为相适宜，理论性与实践性相结合，这样才能增强思想政治教育的可接受性，提升激励教育的整体效果。

第三节　中国传统思想政治教育理论的继承

中华民族创造了源远流长、博大精深的中华文化，中华民族也一定能够在弘扬中华优秀传统文化的基础上创造出中华文化新的辉煌。五千多年来，中华优秀传统文化给当代中国先进文化建设留下了极为丰硕的文化遗产。当代中国思想政治教育既不能对中国传统文化进行全盘复制，也不能对西方文化进行简单移植。对中国传统文化的传承、借鉴与创新研究，为现代高校思想政治教育提供了深厚的理论基础和现实的实践诉求。

一、学习继承中国传统思想政治教育理论是做好当前思想政治教育工作的迫切需要

当今社会正处于一个大变革、大转型的历史时期，科学技术迅猛发展，人类生活日新月异。社会生活巨大的变化，一方面使我们看到了科技革命带给我们的美好生活的希望和曙光；另一方面随着这一巨大的冲击和大幅转型，人们在各个方面的不适应暴露出来。社会凸显的深层次矛盾、价值观的多元化、思想政治工作薄弱等，也给当下大学生思想政治教育造成许多负面影响。如何面对这种冲击，进而富有成效地抓好大学生思想政治教育，是高校迫切需要解决的一大难题。研究古代思想政治教育理论，汲取精华，无疑会在教育理念、教育方法等方面为我们提供借鉴。

二、我国传统思想政治教育工作有丰富的理论值得学习

（一）先进的教育思想

1. 以学生为本，塑造学生人格

在我国数千年的教育思想方面，儒家非常重视民本意识，以塑造和完善学生的人格，教会学生如何做人，以遵守封建社会的道德规范。"饱食、暖衣、逸居而无教，则近于禽兽。"孟子进一步发展了孔子关于思想政治教育的根本是要"教会学生做人"这一思想指出有教无教是区别人兽的标志，丧失人格就要沦为禽兽。要做一个真正合乎道德规范的人必须具备完美的人格。在当下的大学思想政治教育中，应该以人为本，高度重视学生，以学生为本，重视个人的发展，培养学生的人本主义思想，实施思想政治教育的过程进而塑造和完善学生的人格。

2. 学会认知，培养学生认知思维

"学会认知"强调的不只是系统化地学习理论知识，而是更注重认知能力的掌握，让学生理解学习，学会学习。我国古代思想政治教育非常重视调动学生在学习过程中的心理状态，发挥学生在学习中的主动性、积极性进而培养学生的认知能力。在今天，某些课堂教学存在过度追求纪律和学校过度追求学生成绩的道德教育，学生接受的是应试教育，既压抑了学生的潜能，又限制了具体学科的发展，因此我们需要学习孔子所首创的"因材施教"和"不愤不启，不悱不发"的教学方法，指导学生发展认知能力，培养学生的思维，培养创造型人才。

3. 实践出真知，坚持知行统一

完整的思想道德教育过程，是认知、情感、意志、行为的统一体，思想政治教育从知识的学习过程到知识的外化，需要做到学思结合与知行统一。我国古代哲学家非常重视行为对知识的统一外化，"言必行，行必果"，认为不仅要认识知识，更应当实践外化，没有实践外化，就没有真知。儒家经典《尚书》最早提出知行的学说："知之非艰，行之惟难。"《大学》中的"大学之道，在明明德，在亲民，在止于至善"一直是我国古代思想政治教育的指导目标和培养纲领。古代哲学家强调道德意识和道德践履的和谐统一，认识到实践外化是一个循环往复的过程。我们要做到认知与行动的统一，也就是实践与认识的统一。

（二）优秀的道德规范

1. 仁义至上，以义载利的义利观

儒家从人的需要和众心成城、众志成城的经验出发，极力倡导仁爱，主张人和，这是人我之间相处的原则。孔子提倡的"仁"是古代人生哲学精髓，是人本思想体系的核心。"仁"虽涵盖多层内容，但其核心是"仁者爱人，克己复礼

为仁，一日克己复礼，天下归人焉"。尽管不同的时代具有不同的道德要求和不同的道德标准，但古代人生哲学中坚持的道德信仰，爱人爱己，与人为善的处理人际关系准则和"以义载利"的义利观，无疑为后人提出了人我交往的基本原理和具体伦理规范。市场经济时代追求经济效益，容易强化人的利益观念，很容易导致见利忘义和以自我为中心，因此，对大学生的人生观教育要注意培养学生在现代社会的群体生活和人际交往中懂得尊重他人、服务公益、爱护群体、约束自我，以高度的公德之心、仁爱之心处理人我关系、群己关系，进而以推己及人、仁者爱人的精神境界奉献社会、服务人民。在义利关系问题上要培养学生正确的义利观，强调义利统一，追求个人价值的同时不忘集体利益。

2. 恪守契矩，笃行实践的精神

中国传统思想十分强调与人交往要恪守契矩、笃行实践。墨子说"言必信，行必果，使言行之合，犹合符节也，无言而不行也"，强调要言行一致，不能付诸行动的话不应多说，说得多、说得漂亮而不实行，那就是空言妄语，反对言过而行不及。他认为只有把思想付诸行动的人，才是道德高尚的人，主张承诺别人的事必须身体力行，兑现自己的诺言，实践自己的信念和准则。同时，要克己内省，当自己的行为与别人发生矛盾时，首先要自我反省。孟子说："爱人不亲，反其仁，治人不治，反其智，礼人不答，反其敬，行有不得，皆反求诸己。"强调在协调人与人的关系中厚于责己，不要自暴自弃，要常思己过，宽恕于人，对于伤害自己的人，要以德抱怨，宽宏大量。正是这些思想传统，使中国人崇尚"一言既出，驷马难追"的守信之人，同时较富有同情心，发生问题先从自己身上找原因，善于理解别人，善于从自我做起。今天，"诚实笃信、严于律己"的伦理规范不仅是社会主义思想道德体系的基础，也是现代文明的基石与标志。

市场经济本身就是一种信用经济，信用是市场经济的前提和基础，诚实守信是社会主义市场经济健康发展的基本保证。建立与社会主义市场经济相适应、与社会主义法律规范相协调、与中华民族传统美德相承接的社会主义思想道德体系，要以诚实守信为重点。大学生思想政治工作必须立足这一点，努力培养学生实事求是、讲信用、守承诺的良好品德习惯和对自己的承诺负责，对他人宽容大度的精神，使学生形成健康、正确的人际交往观念，成为市场经济时代一名合格的公民，为打造诚信社会作出贡献。

3. 现实豁达、自强不息的人生态度

人生态度是人对生死、苦乐、荣辱、得失、命运等人生矛盾的认知倾向、情感体验和行为意向，是人生观教育的重要课题。人生态度的教育目的在于引导人们掌握和应用人生哲理正视人生矛盾，以积极、进取、乐观、现实的态度对待人生。中国古代关于人生态度的观点有许多积极因素值得借鉴。中华民族对人生的

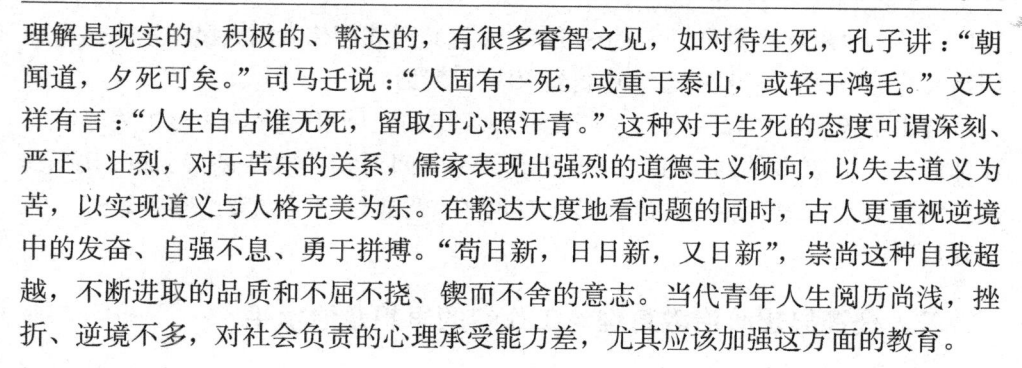

理解是现实的、积极的、豁达的，有很多睿智之见，如对待生死，孔子讲："朝闻道，夕死可矣。"司马迁说："人固有一死，或重于泰山，或轻于鸿毛。"文天祥有言："人生自古谁无死，留取丹心照汗青。"这种对于生死的态度可谓深刻、严正、壮烈，对于苦乐的关系，儒家表现出强烈的道德主义倾向，以失去道义为苦，以实现道义与人格完美为乐。在豁达大度地看问题的同时，古人更重视逆境中的发奋、自强不息、勇于拼搏。"苟日新，日日新，又日新"，崇尚这种自我超越，不断进取的品质和不屈不挠、锲而不舍的意志。当代青年人生阅历尚浅，挫折、逆境不多，对社会负责的心理承受能力差，尤其应该加强这方面的教育。

第四节　新时期大学生思想政治教育理论的实效性

一、新时期提高对思想政治教育理论的重视

习近平总书记主持召开学校思想政治理论课教师座谈会时强调："青少年是祖国的未来、民族的希望。我们党立志于中华民族千秋伟业，必须培养一代又一代拥护中国共产党领导和我国社会主义制度、立志为中国特色社会主义事业奋斗终身的有用人才。在这个根本问题上，必须旗帜鲜明、毫不含糊。这就要求我们把下一代教育好、培养好，从学校抓起、从娃娃抓起。在大中小学循序渐进、螺旋上升地开设思想政治理论课非常必要，是培养一代又一代社会主义建设者和接班人的重要保障。"❶

当今社会，言论自由，学生信息渠道多元化，各种新闻成千上万，有的媒体单纯追求收视率、点击率，表达的观点过于偏激。在校大学生对问题的认识过于肤浅，断章取义，对事情真相经不起推敲，过于看重流行文化，置主流文化于不顾，没有坚定的信仰，对于生活经验与真理的获取有走"捷径"思想。少数青少年还利用媒体技术进行自我"炒作"，以触及社会道德和公众价值观的底线来引起社会的关注。因此，大学生思想政治教育工作者必须加强对学生的正确引导与示范，让大学生的思想道德回归主流，旗帜鲜明地让大学生对身边的真、善、美与假、恶、丑明确地区分，加强社会舆论的健康正确引导。如果大学生缺乏正确的世界观、人生观、价值取向，积极的生活态度，那么将是"千里之堤，毁于一旦"，所以提高对政治思想理论的重视，加强政治思想理论的学习任重而道远。

首先应该从重视上政治理论课开始，让同学们对中国的国情有一定了解，并进行具体的党性教育和革命传统教育，从党的历史中汲取前进的智慧和力量，引

---

❶　吴晶，胡浩．习近平主持召开学校思想政治理论课教师座谈会［J/OL］．北京．新华社，2019，[2023-03-28]. https://www.gov.cn/xinwen/2019-03/18/content_5374831.htm.

导广大学生"永远热爱我们伟大的祖国,永远热爱我们伟大的人民,永远热爱我们伟大的中华民族",从中逐渐建立起深厚的感情。

对于学校乃至国家大事,从当代爱国青年的立场来看待。学校相关部门也要加强当今时事事件的关注,并提前或第一时间对相关事件进行分析、讨论,甚至请权威专家来答疑,并最终形成有水平有思想的引导方案给学生思想上的正确指引。

二、提高思想政治教育理论工作者的思想政治水平

思想政治教育理论工作者本着"一切为了学生,为了学生的一切"的原则要在学用结合上下功夫。在新的历史条件下,必须大力弘扬理论联系实际的学风,找准理论学习与工作实践的结合点,切实用党的创新理论指导实践、谋划发展、解决问题,做到学以致用、用以促学,使理论武装的成效,最大限度地体现在提高广大思想政治理论教育工作者的思想政治水平的实践中。

面对瞬息万变的时政热点与各类时事政策,思想政治教育理论工作者应该保持敏锐的触觉和鉴别力,全方位多角度地对最新时事政策进行分析与理解。对新的政策和中央会议精神要同教研组展开学习和讨论,并将学习成果展示给学生,让学生关注第一线的时事变化,让学生感觉与教师生活在同一信息源里,通过思想政治学习后用于解决实际遇到的问题,提高思想政治水平的实效性。大力弘扬理论联系实际的学风,以思想解放引领实践推动实践,不断增强工作的原则性、系统性、预见性、创造性。提升思想政治教育理论工作者的认知水平。

三、进行教学上的创新与改革

教学内容上,尽量选择生动、贴近现实生活、有说服力的教学案例,定期对社会上关注的热点话题进行大讨论,由任课教师进行归纳和引导。教学环节的设计上,除了书本知识的讲授外,还要把知识点拓展外延到生活中,对大家关心的事件进行示范性引导,尤其对于在思想上要求先进的入党积极分子和学生党员,进行重点指导,使其言行具有模范带头作用,以点带面。

太枯燥的课堂会影响学生的创新性和积极性,组织学生多参加志愿者服务活动、参观革命老区、革命历史遗址、革命纪念馆和博物馆,走访革命老人,听讲抗战故事等。在信息高速发展的今天,占领思想政治教育的网络阵地,不断提升网站的知识内涵和网上理论学习的交互性,成为广大学生党员、入党积极分子的精神家园,构筑与广大学生之间的即时交流平台,把思想政治教育工作寓于师生互动和对学生的心灵关怀中。使新时期的思想政治教育理论影响当代大学生,使其树立起正确的世界观、人生观、价值观。

四、增强大学生思想政治教育实效性的对策

（一）转变育人观念，重视并统筹规划思想政治教育工作

新形势下，高校要树立"以人为本"的思想政治教育理念。"以人为本"，强调教育对象具有自身的尊严和人格，要求教育者在思想政治教育工作中，重视情感因素的作用，要全方位关心教育对象，给予他们充分的尊重，促进教育对象人格的完善及道德终极价值观念的实现。重视并统筹规划思想政治教育工作是指思想政治教育工作者在教育理念上，要不断加大对思想政治教育的重视程度，高度重视并统筹规划思想政治教育工作，从思想政治教育工作机制、工作队伍、内容方法、评价反馈等方面加强建设，只有在教育理念上，将一味注重科学精神转向科学精神与人文精神相结合，重视并统筹规划思想政治教育工作，加大工作力度，才能为增强思想政治教育实效性提供充分条件。

（二）完善管理机制，大力增强思想政治教育各方合力

为保证思想政治教育的实效性，首先，完善思想政治教育的管理机制，通过各部门的沟通、配合与协调，避免相互影响、相互牵制，并将各部门的目标有机地结合起来，克服工作中的盲目性与随意性，保证整体工作目标的实现；其次，健全思想政治教育的反馈机制，健全有效的信息反馈是思想政治教育运行过程调控的基础；再次，健全思想政治教育的评估机制，以便及时发现思想政治教育过程中存在的问题和薄弱环节，为加强和改进高校思想政治教育工作提供依据；最后，健全思想政治教育的保障机制，思想政治教育并不是万能的，必须辅之以必要的管理措施才能达到预期效果。因此，思想政治教育必须加强制度规范建设，做到两手抓，一手抓深入细致的思想教育，一手抓严格有效的制度管理，使思想政治教育与严格管理有机结合起来，大力增强思想政治教育的各方合力，思想政治教育的实效性才能得到增强。

（三）加强自我教育，激发思想政治教育对象学习的内在动力

要想提高教育对象对思想政治教育工作的认可，增强思想政治教育的针对性和实效性，就必须加强自我教育，激发思想政治教育对象学习的内在动力，发挥教育对象自身的主体意识，使教育对象在思想政治教育中成为主角，使外在的社会要求转化为教育对象的自我要求，使社会规范和道德原则内化为他们的行为准则和道德信念。除此之外，还必须充分考虑教育对象主体认知和主体需求，在教育内容和方法上，紧密联系学生实际，通过挂职锻炼、实践教育基地等途径，加强实践教育，使大学生能自觉接受思想政治教育，增强思想政治教育的实效性。

第二章 大学生思想政治教育机制研究

第一节 构建和完善大学生思想政治教育机制的重要意义

加强和改进大学生思想政治教育，增强大学生思想政治教育的实效性，机制构建与完善是关键。要建立健全党委统一领导、党政群齐抓共管、有关部门各负其责、全社会大力支持的领导体制和工作机制，形成全党全社会共同关心支持大学生思想政治教育的强大合力。❶ 因此，进一步加强和改进大学生思想政治教育，探索构建和完善大学生思想政治教育的有效机制，对提高高等教育质量，促进大学生的全面发展有重要意义。

一、增强思想政治教育实效性，是培养高素质大学生的需要

大学生是十分宝贵的人才资源，是民族的希望，是祖国的未来。《中华人民共和国高等教育法》指出高等教育的任务是培养具有创新精神和实践能力的高级专门人才，发展科学技术文化，促进社会主义现代化建设。切实加强和改进大学生思想政治教育工作，培养造就千千万万具有高尚思想品质和良好道德修养、掌握现代化建设所需要的丰富知识和扎实本领的优秀人才，使大学生能够与时代同步伐、与祖国共命运、与人民齐奋斗，这对于确保实现全面建成小康社会进而实现现代化的宏伟目标，确保实现中华民族的伟大复兴，具有重大而深远的战略意义。在当前世界范围内各种思想文化相互激荡、相互交锋、相互影响、相互作用的新形势下，只有构建和完善大学生思想政治教育机制，才能提高大学生思想政治教育水平，教育和引导大学生形成正确的世界观、人生观和价值观，树立正确的理想与信念，增强政治辨别力，促进大学生健康成长和全面发展。

二、提高育人质量，是促进高等教育科学发展的需要

提高育人质量是高等教育发展的核心任务，是建设高等教育强国的基本要

---

❶ 中共中央办公厅 国务院办公厅印发《关于加强网络文明建设的意见》[J/OL]. 北京. 新华社，2021，[2023-04-28]. https://www.gov.cn/xinwen/2021-09/14/content_5637195.htm.

求。当前，我国高等教育事业进入从精英化向大众化发展的新时期，提高教育质量已经成为高等教育最为紧迫的任务。高等教育要科学发展，必须全面提高高等教育质量，大力提升人才培养水平。因此，需要牢固确立人才培养在高校工作中的中心地位，着力培养信念执着、品德优良、知识丰富、本领过硬的高素质专门人才和拔尖创新人才。要提升人才培养水平就必须全面贯彻党的教育方针，坚持育人为本、德育为先、能力为重、全面发展，着力增强学生服务国家服务人民的社会责任感、勇于探索的创新精神、善于解决问题的实践能力，努力培养德、智、体、美全面发展的社会主义建设者和接班人。高等教育要科学发展，达到全面提高高等教育质量，不断为社会主义现代化建设提供强有力的人才保证和智力支撑的要求，作为高等教育育人的重要组成部分——大学生思想政治教育必须发展成为一种跟进教育，进行机制创新，构建和完善大学生思想政治教育机制，推进大学生思想政治教育与时俱进，提高人才培养质量，保证高等教育的科学发展。

三、促进社会发展，是构建社会主义和谐社会的需要

社会和谐是中国特色社会主义的本质属性，是国家富强、民族振兴、人民幸福的重要保证。高等教育作为科技生产力和人才资源的重要结合点，其发展必须适应实现经济社会又好又快发展、促进人的全面发展、推动社会和谐进步的要求。因此，高等教育必须充分在构建社会主义和谐社会的过程中，发挥独特的作用，把大学生培养成为社会主义和谐社会的建设者。高校要使大学生成长为中国特色社会主义事业的合格建设者和可靠接班人，成为构建社会主义和谐社会的主力军，不仅要大力提高他们的科学文化素质，更要大力提高他们的思想政治素质。只有真正把这项工作做好了，才能确保党和人民的事业代代相传、长治久安。因此，构建和完善大学生思想政治教育机制，推进大学生思想政治教育创新，增强大学生思想政治教育的实效性，促进大学生全面发展，也是构建社会主义和谐社会、推动社会和谐进步的必然要求。

四、丰富学科内容，是加强思想政治教育学科建设的需要

思想政治教育学科建设使大学生思想政治教育的概念、内涵和基本原则更加明确，系统规范了大学生思想政治教育的形式与内容，为大学生思想政治理论课奠定了学科基础，也使中国特色社会主义高等教育学科体系更加完善。思想政治教育机制联系着思想政治教育的原则、规律内容和方法，有机组合着思想政治教育诸要素，它是思想政治教育过程中思想政治教育系统和侧面各层次的整体功能及其运行规律，是实现思想政治教育的中介和桥梁，也是思想政治教育学科研究

的重要内容。所以，在新形势下，探索构建和完善大学生思想政治教育机制，加强大学生思想政治教育机制研究，可以发展思想政治教育理论，丰富思想政治教育的学科内容，提出一些新的问题和解决对策，将理论研究与实证研究结合起来，为思想政治教育提供新的研究思路。

第二节 思想政治教育机制的内涵

一、思想政治教育机制的概念

（一）思想政治教育机制

"机制"原指机器的构造和工作原理，或泛指一个复杂的工作系统和某些自然现象的物理、化学规律，也称机理。在不同学科、不同领域，人们往往从不同的角度来理解"机制"，例如有时在制度、体制、机构、规范、法规乃至工作方法、操作方法的意义上使用"机制"这个概念。

思想政治教育机制，简单地说，就是指思想政治教育各要素的构成方式、作用方式，以及由此产生的思想政治教育活动的整体运行方式和人们对思想政治教育活动运行的有效调节方式的总称。它既是对思想政治教育过程中主体、客体、环体、介体等各要素的相互关系和影响的总体概括，也包括思想政治教育运行过程中构成要素之间相互联系和相互作用的制约关系及其功能。思想政治教育机制概念主要包含三层含义：其一，思想政治教育机制是那些对思想政治教育运行过程起协调和控制作用的各要素的总称；其二，思想政治教育机制功能的发挥，依赖于思想政治教育内部各构成要素之间的配位关系及相互作用；其三，从思想政治教育运行过程看，思想政治教育机制是按一定的规律和方式运作并发挥总体功能。因此，对思想政治教育机制的研究，绝非对各要素的孤立考察，而应从总体上把握其基本状态，从不同侧面探索其运动的规律。

（二）关于思想政治教育机制的几种观点

思想政治教育机制是进行思想政治教育诸要素的结合，目的是取得良好的思想政治教育效果。学术界从不同角度阐述了思想政治教育机制的内涵，有制度说、运行说、组织结构说、利益调配说、方法说、模式说、机能说、心理保护说、中介说、环节说等，归纳起来，主要有制度论、构成要素运行论、过程机制论、内外机制论等几种理论。

（1）制度论。制度规范是思想政治教育过程中借以约束全体组织成员的行动，确立办事的方法，规定工作程序的各种章程、条例、守则、规程、标准、办法等的总称，是人类社会生活的规范化表达。因此，有学者认为，所谓思想政治教育机制，就是指规范的、稳定的、可操作的、可考核的一整套规章制度。这一认识，目前得到较多学者的认同。思想政治教育机制制度论主张把思想政治教育这一教育活动的运行要求以及思想政治教育中对其教育对象的基本要求纳入正式的成文的规则体系，认为思想政治教育要解决的是"6W"问题，即Who（谁去做，即主体）、When（什么时候做，即时间、时机）、Where（什么地点做，即地点、环境）What（做什么，即内容、措施）、How（如何去做，即方法、载体）、Why（为什么要做，即目的、动机），而机制研究是要为"6W"建立一套规范的、稳定的、可操作的、可考核的规章制度，解决思想政治工作怎样运转、怎样监管、怎样考核与评估的问题。

（2）构成要素运行论。该理论主要是从思想政治教育系统的运转过程和方式入手，提出思想政治教育机制就是基于思想政治教育系统内部各要素之间的相互联系、相互作用、相互制约的联结方式而建构起来的工作体制、管理规范和工作方式等，即在一定目标指引、一定动力驱动和在一定体制、条件保障下共同协调，实现思想政治教育整体目标和功能的工作程序和工作方式。该理论认为，思想政治教育机制由八个要素构成，即思想政治教育运行的主体、目的、动力、环境、控制、方式、程序以及保障等。这八个要素构成思想政治教育运行的有机整体，它们之间相互作用，各自的状态和相互关系都影响着思想政治教育运行机制的整体状态。

（3）过程机制论。该理论认为，思想政治教育机制是思想政治教育主体的利益调配及其运行过程，主要构成包括两个方面：一是思想政治教育主体，二是思想政治教育主体的运行过程。该理论认为，思想政治教育过程机制是指思想政治教育矛盾转化过程中内在各要素的趋向教育目标的有效性联系。持这一观点的学者从探讨思想政治教育机制的依据入手，在对人的一般属性（自然属性、社会性、实践性）和特征（发展的矛盾性、鲜明的主体性、动态的可塑性）进行分析的基础上，进一步揭示思想政治教育过程机制的基本形态，并由此归纳出思想政治教育过程机制包括说服机制、灌输机制、激励机制、调节机制、沟通机制。

（4）内外机制论。这种观点以建立与经济和社会发展以及学生特点相适应的、有效的大学生思想政治教育运行机制为目标，将思想政治教育机制按照思想政治教育体系划分为外部运行机制和内部运行机制。该理论认为建立优势互补、反馈及时的外部运行机制需要建立适应机制（思想政治教育与运行目标相适应）、互补机制（思想政治教育与社会其他因素在功能上互补）、优化机制（优化外部条件）、结合机制（学校与社会的相互结合）；建立充满活力、富有成效的内部运行机制则要建立导向机制（教育引导）、激励机制（将内在需要激发从而转化为追求动机)、约束机制（进行有效的管制）和自律机制（促使客体自我管理和教育）。

（三）思想政治教育机制的类型

思想政治教育机制，一方面是思想政治教育系统内部各构成要素相互联系、相互制约、相互作用的联结方式，以及通过它们之间的有序作用而完成其整体目标、实现其整体功能的运行方式；另一方面则包含思想政治教育这个系统在内的更大系统中的各要素对思想政治教育的相互影响、相互作用而形成的因果关系和运行方式。它反映着思想政治教育过程中思想政治教育系统各侧面、各层次的整体功能及其运行规律，是达到思想政治教育目的的中介和桥梁。因此，可以从不同的角度对思想政治教育机制的类型做不同划分。

（1）从领导角度，思想政治教育机制可分为领导机制和工作机制。领导机制主要是基于组织优势、人才优势、思想政治工作优势的管事、管人、管思想的统一。工作机制则是领导机制的具体化。

（2）从管理角度，思想政治教育机制可分为启动机制、调控机制、评估机制、保障机制。有学者认为思想政治教育机制应包括：权责分明的领导责任制、密切配合的协调机制、快捷高效的信息反馈机制、内外结合的考核监督机制、科学严明的奖惩机制、规范有效的保障机制。

（3）从功能角度，思想政治教育机制可分为政治导向机制、思想教育机制、道德规范机制、氛围营造机制等，还有教育机制、管理机制、服务机制和约束机制。

（4）从组织结构，思想政治教育机制可分为工作运行机制和组织运行机制。工作运行机制主要包括完善教育对象机制（完善教育评价激励机制、健全有形化的日常工作机制、建立思想动态监测预警机制、形成全社会齐抓共管的教育机制）、完善服务对象机制（搭建服务平台、巩固服务阵地、强化服务手段）、完善动员社会成员参与改革发展建设的机制（健全组织动员机制、健全社会动员机制）、完善资源整合机制。

二、思想政治教育机制的要素

思想政治教育机制是一种由诸多相关因素及其运动所构成的社会实践活动系统，其功能价值的实现离不开构成此系统的各要素的功能和价值的实现。分析思想政治教育机制要素应该从思想政治教育基本要素—要素构成方式、作用方式（相互关系）—运行方式、调节方式（机理运用）以及运行的条件（制度规范）的路径来分析。

（一）思想政治教育的基本要素

关于思想政治教育要素，目前学者根据自身的研究提出了多种看法，例如，有人认为思想政治教育要素应包括思想政治教育主体、客体、内容、方式、目标、时间、地点、条件八个要素；也有人认为思想政治教育要素应包含思想政治主体、目的、动力、环境、控制、方式、程序、保障八个要素。综合对思想政治教育要素的多种研究结果，可以将思想政治教育的基本要素归结为思想政治教育主体、思想政治教育客体、思想政治教育介体、思想政治教育环体四个方面。思想政治教育主体是思想政治教育的承担者、发动者、组织者和实施者，它与思想政治教育客体相对应，是对一定的客体实施思想政治教育活动的主体。思想政治教育客体是思想政治教育的接受者和受动者，它与思想政治教育主体相对应，是思想政治教育主体的作用对象。思想政治教育介体是思想政治教育主体与思想政治教育客体相互联系、相互作用的中介因素，是能为思想政治教育主体所运用且主客体可借此相互作用的思想信息内容及思想教育方式。思想政治教育环体，即思想政治教育的环境，是指与思想政治教育有关的、对人的思想政治品德形成和发展产生影响的外部因素。思想政治教育主体在思想政治教育机制诸要素中起主导作用，对它的研究是整个思想政治教育机制研究的基础。

（二）思想政治教育各要素的内在关系

要素组成结构，结构产生功能，功能反映关系。思想政治教育结构分析的基点，是分析思想政治教育系统的基本要素、内在关系及结构方式。也就是说，思想政治教育机制的要素还应该包括思想政治教育系统各基本要素间的内在关系以及思想政治教育系统作为子系统与其他系统的关系。在思想政治教育诸要素相互关系中，思想政治教育主体起主导作用，思想政治教育主体主导和支配着思想政治教育的客体、介体、环体等因素，对思想政治教育诸要素相互关系的形成起决定性作用；思想政治教育客体起主动作用；思想政治教育介体具有纽带作用，是思想政治教育主体、客体、环体相互联结的纽带；思想政治教育环体起条件作用。我们既要看到思想政治教育主体的主导作用，又要看到客体、介体、环体的重要作用。

（三）思想政治教育的机理运用

机理是指事物内部的工作原理，是事物存在的活动原理，人们只能适应它，按这一原理从事活动，利用这一原理开展有关活动；而机制是指组成事物的各要素之间相互联结所形成的制约关系对事物运行和发展的调节形式，人们可以改变它，使它适合人的要求。因此，机理是纯自然体系，而机制则是人、机或人—机体系。思想政治教育机制就是建立在思想政治教育系统诸要素组合以及诸要素间形成结构的内在关系基础上的相互作用机理的调节形式，由此看来，思想政治教育机制要素应该包括机理的运用。

（四）思想政治教育的制度规范

机制的有机联系需要通过制度来安排固定。思想政治教育机制的四个要素：基本要素、内在关系、机理运用、制度规范之间是相互联系、相互依存的关系，四个要素共同作用才使得机制具有实质性的内容、功能和意义。缺少任何一个要素，机制系统都是不完备的，都会使机制丧失其应有功能，进而失去存在的可能。思想政治教育的要素保证了机制有效性的发挥，使机制有明确的运行场所和作用范围；内在关系是把机制诸要素统一起来的结构表现；机理运用是机制存在和表现的样式，使机制的形式更为丰富；制度规范作为机制的内容，更多的是一种逻辑的规定，它使机制有了形式化内容，也使机制具有规范化意义。如果制度规范缺失，机制就失去了其规范的基础。它们各自的状态如何，每个要素与其他要素的关系如何，都直接影响思想政治教育机制运行的整体状态。

三、思想政治教育机制的功能及其实现方式

（一）思想政治教育机制的功能

思想政治教育机制由一系列具体的机制构成。正如一台机器的整体功能必须由各部件充分发挥功能所体现的那样，思想政治教育机制的整体功能也是在一系列具体机制的运行中发挥出来的。

1. 调节政治关系

在阶级社会，政治关系实质上是利益关系。"占统治地位的思想不过是占统治地位的物质关系在观念上的表现"，政治运行的过程实质上是利益的分配与再分配的过程。由于不同阶级和阶层有不同的利益要求和感受，政治运行过程通常表现为一系列利益冲突和对抗的过程。在剥削阶级作为统治阶级的社会里，这种利益矛盾是根本性的，最终必然发展成公开的阶级冲突和对抗，从而导致旧体制的灭亡和新体制的诞生。但是，在这些社会形态尚存的相当长的时间内，统治阶级必然要通过调节各种手段来维持既有政治系统的运行。思想政治教育机制正好起到了调节作用。从历史和现实的经验来看，正确化解社会矛盾，需要健全和完善思想政治教育机制，充分发挥思想政治教育机制的调节功能，做好人民群众的思想教育和沟通协调工作以及社会心理的调适工作，确保社会的良性运行。因而，思想政治教育机制能够通过解决或缓解利益冲突，起到调节政治关系的作用。

2. 保证经济发展方向

思想政治教育是社会上层建筑意识形态的核心之一。经济基础决定上层建筑意识形态，而上层建筑意识形态也对经济基础有重要的反作用，能够制约经济基

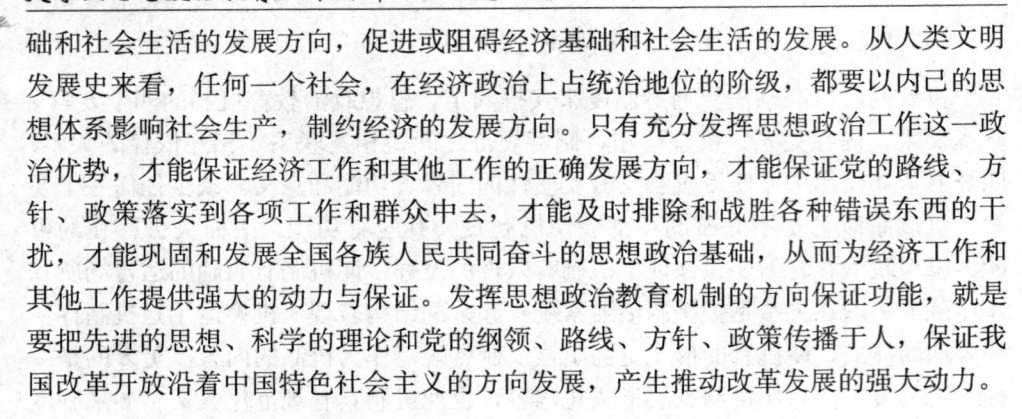

础和社会生活的发展方向，促进或阻碍经济基础和社会生活的发展。从人类文明发展史来看，任何一个社会，在经济政治上占统治地位的阶级，都要以自己的思想体系影响社会生产，制约经济的发展方向。只有充分发挥思想政治工作这一政治优势，才能保证经济工作和其他工作的正确发展方向，才能保证党的路线、方针、政策落实到各项工作和群众中去，才能及时排除和战胜各种错误东西的干扰，才能巩固和发展全国各族人民共同奋斗的思想政治基础，从而为经济工作和其他工作提供强大的动力与保证。发挥思想政治教育机制的方向保证功能，就是要把先进的思想、科学的理论和党的纲领、路线、方针、政策传播于人，保证我国改革开放沿着中国特色社会主义的方向发展，产生推动改革发展的强大动力。

（二）思想政治教育机制功能的实现方式

思想政治教育机制是统治阶级意志在意识形态领域的一种反映，其功能是客观存在的，有没有意识到或有没有自觉地发挥它的功能，将使思想政治教育机制的功能产生不同的结果。思想政治教育机制功能的实现，大体可分为自发实现和自觉实现两种方式。

1. 自发实现

思想政治教育机制的自发实现并不是说思想政治教育机制已成为一种与统治阶级无关的纯粹的客观存在，从而像市场机制自发调节经济运行一样来调节社会运行。事实上，任何思想政治教育机制的最初形式都是统治阶级选择的结果，因此，这种思想政治教育机制及其运行必然带有明显的统治阶级意志的色彩。然而，思想政治教育机制毕竟活动于客观的社会运行过程中，其一经形成，便能够维持发生作用并通过不断地运行而日益强化其存在的基础。因此，一种思想政治教育机制出现后，除非被施以外力加以改变，否则便可能周而复始地发生作用。如果统治阶级安于现状，不思变革，甚至为了少数统治者或统治集团的私利，闭塞言路，抑制革新，崇尚旧制，那么，某种思想政治教育机制便可能在一定时期沿袭下去。从一定意义上说，在这种情况下，思想政治教育机制功能的实现便是一种自发性的过程。中国历史上的封建君主专制的政治体制之所以能够绵延两千多年，原因固然很多，但最重要的一个原因就是封建思想政治教育机制始终未变，而且随着朝代的更迭不断再生强化，其功能的实现已带有明显的自发色彩。

2. 自觉实现

思想政治教育机制的自觉实现是指统治阶级能够通过各种努力，促进和强化思想政治教育机制功能，并采取措施保证其最大限度地实现。思想政治教育机制功能之所以能够自觉实现，关键在于任何思想政治教育机制归根结底总是为一定的阶级利益服务的。统治阶级为了巩固其在社会经济体系中的地位，必然运用其手中的政治权力。由于政治权力的运用方式是否得当直接关系到权力作用的效果，统治者大多会自觉地寻求最有利于巩固自身统治地位的权力运作方式，并构建起以权力运用为核心的一整套思想政治教育体系。这些不仅涉及思想政治教育的内容和目标，而且涉及思想政治教育运行机制。同时，当统治者通过制定或调整政策制约或鼓励某些社会行为时，其社会价值取向无疑同统治者选择的思想政治教育机制的运行目标是一致的，使两者产生"共振"现象，从而形成"合力"。这是统治阶级自觉地实现思想政治教育机制功能的通常情况。

思想政治教育机制功能的自发实现和自觉实现两种方式是相互渗透、相互补充的，不能截然分开。自觉实现是自发实现的基础和前提，自发实现是自觉实现的结果和目的。在思想政治教育活动过程中，要充分发挥思想政治教育机制自发实现和自觉实现的功能，加强对思想政治教育各种机制的组织和协调，引导和规范思想政治教育机制的自发实现功能，增强思想政治教育机制功能自觉实现的效率，从而实现思想政治教育的良性运行，提高思想政治教育的实效性。

第三节　当前大学生思想政治教育机制存在的问题

一、大学生思想政治教育体制和机制现状

（一）管理体制中存在的"条块分割"现象导致大学生思想政治教育工作合力不足

首先，对人才培养目标任务的分割制约了"全员育人"的实现。大学生培养目标被人为地分割为智育和德育，学校的人才教育培养也随之形成"两条线"，分别由不同的部门分管，智育由教务部门执行，德育由思想政治理论课教学部门和学生工作部门执行。德育内部也被人为地分割为课堂内的思想政治教育工作和经常性的思想政治教育工作，这就导致学生培养无法在一个统一的思路和框架下进行。学校的教学、科研、教务等方面或多或少存在与德育脱节的现象。现有的体制无法有效动员教师、管理人员和服务人员开展工作，"全员育人"只能流于形式。其次，思想政治教育系统内的工作分割导致思想政治教育工作缺乏整体推进的动力。从系统的横向看，高校各思想政治教育工作部门独立制订工作计划，推动部门职能范围内的工作，缺乏彼此协作、整体推进思想政治教育工作的动力；从系统的纵向看，统筹、统管部门往往重视教育理念和教育规划，院系、班级更重视事务性工作任务的完成。这些因素都严重影响了思想政治教育系统内合力的形成，制约了大学生思想政治教育效果。

（二）大学生思想政治教育工作机制缺乏系统性，不能确保职责落实到位

一是现有的大学生思想政治教育机制缺乏工作职责有效落实的系统功能，不能确保高校内部的教育、管理、服务部门自觉履行大学生思想政治教育的职责。二是思想政治教育目标机制和规划机制尚未构建。三是思想政治教育过程控制机制和质量评估机制尚不成熟。

（三）思想政治教育制度保障机制还需进一步完善和落实

近年来，针对大学生思想政治教育的主渠道建设、校园文化建设、队伍建设等，中央有关部门制定了一系列文件，有效地保证了大学生思想政治教育工作的顺利推进。但地区之间、高校之间在贯彻落实中央文件精神上存在不平衡，存在较大的差异性，导致有些地方、高校不能确保政策到位、队伍到位、投入到位。例如，部分高校没有把教师教书育人的状况作为评聘教师职务的首要条件，教书育人的要求打了折扣；没有解决好辅导员评聘教师职务问题，影响辅导员工作的积极性、主动性、创造性；没有把开展思想政治教育工作方面的经费列入预算并加大投入，影响各项工作顺利开展；等等。

二、大学生思想政治教育机制存在的主要问题

（一）大学生思想政治教育机制构建不完善

1. 大学生思想政治教育的目标和规划机制构建落实不到位

由于大学生思想政治教育向来被看作一项软约束的工作，各高校思想政治教育工作部门普遍感觉很难制订有效的目标和规划，导致工作计划性较弱。例如，学校的工作规划和年度工作要点中与大学生思想政治教育相关的内容往往都是务虚的。同时，随着学校分管领导或部门领导的变更，大学生思想政治教育的重点差异性非常大。因此，大学生思想政治教育目标和规划的务虚导致院系和基层辅导员在开展工作过程中缺乏明晰的目标概念和阶段概念，不利于大学生思想政治教育实效性的提高。

2. 大学生思想政治教育管理机制有待完善

近年来，随着我国高等教育事业的快速发展，高校的工作环境、工作内容、工作方式等都发生了深刻变化，高校各级党政组织和群团组织都负责学生的思想政治工作。但是高校内部机构设置繁多、分工细致，各个实施机构只做自己分内的事，机构之间缺乏沟通和协作，即使做了工作，也只注重形式、轻视效果，大多以开研讨会、听讲座形式代替实际行动。尤其是学校规模不断扩大，在校学生

越来越多，大多数学校存在重视整体教育而忽视个体教育的现象。这些现象使大学生思想政治教育达不到预期效果，制约着大学生思想政治教育的实效性。

3. 大学生思想政治教育沟通机制不够畅通

加强和改进大学生思想政治教育是一项重大而紧迫的战略任务，要努力拓展新形势下大学生思想政治教育的有效途径。拓展沟通渠道、加强沟通与交流是大学生思想政治教育取得实效性的一个关键环节。大学生思想政治教育的沟通机制应包含思想政治教育主体与客体之间、主体与主体之间、客体与客体之间三个方面的内容。但调研资料表明，大学生群体中约有69%的学生感到无法与父母交流和沟通，其中27%的学生表示从不与父母交流。实际上，大学生不仅和家长缺少沟通，在学校，大学生与辅导员、大学生之间，学校与家长之间都缺乏及时、有效的沟通，这使大学生思想政治教育无法深入学生的心里，不能达到预期的教育目的。

4. 大学生思想政治教育保障机制不够健全

思想政治教育保障机制，是指保证思想政治教育活动得以正常、有序进行的必要的内外部条件，也称为思想政治教育"安全阀"。首先，由于缺乏物质和经费的保障，迫使大学生思想政治理论课教学主要采用说教的方式，在教育教学方式、方法上缺少创新，在思想政治教育理论的研究上跟不上时代的发展步伐。其次，在队伍保障方面，大学生思想政治教育人员配备不足，仅就高校辅导员队伍建设而言，有的高校辅导员与学生的比例是1∶800，辅导员忙于应对各种日常琐事，不能深入细致地分析大学生的实际思想状况，当然，也就无法有针对性地开展大学生的思想政治教育。

（二）大学生思想政治教育机制的理论研究不足

机制的确立要在完整、准确把握思想政治教育机制的科学含义和真正实质的基础上，综合机制的特征来进行。目前，关于思想政治教育机制的深入论述不多，而现有的理论研究成果对思想政治教育机制的确立，或思路本质把握失准而有所偏颇，或是特征考虑不全而使内容不完整，这都影响了机制的科学确立和建构。

（三）大学生思想政治教育机制的实践运行不畅

思想政治教育机制是向思想政治教育目标不断趋近的功能结构和动态过程。因此，其运行顺利与否对思想政治教育有效性的实现起决定作用。研究思想政治教育机制，是要力图通过思想政治教育系统动态运行过程的考察，对多因素、多变量的思想政治教育运动作一种整体性的、动态的刻画，从而达到实现思想政治运行的最优化控制的目的。

当前思想政治教育实践中，思想政治教育存在着这样或那样的问题，反映在机制上表现为机制运行过程中的种种不协调之处，主要表现为：

（1）缺乏协调性。思想政治教育机制要顺畅运行，各环节之间、各要素之间必须协调进行，这样才能保证教育影响的顺利推进和教育结果的有效产生。当下，思想政治教育不协调的地方主要表现为思想政治教育内容与方式不协调，应然与实然不协调，功能和规律不协调，等等。

（2）缺乏整体性。要使思想政治教育机制顺利运行，就必须将不同时间、不同空间的教育子过程纳入思想政治教育的整体进行考虑和操作，如此才能使教育产生比较大的合力。目前的思想政治教育实践中，教育内容重复且相对无重点，教育力量或资源"内耗"现象严重，教育环境无整体性优化措施等都是缺乏整体性的表现。

（3）缺乏层次性。思想政治教育机制的运行需要有层次性的考虑，这是增强教育针对性的表现。不同层次的受教育群体有不同的特点，同一受教育群体也有不同的思想政治品质的层次性差异，因此，针对这种差异性就需要因人而异、因地制宜地采取不同的个性化教育。而这一点在实践中做得也相对较差，主要表现为教育目标无差异性，教育内容缺乏现实性，教育方法没有应变性等。

三、原因分析

（一）经济全球化对构建和完善大学生思想政治教育机制提出新的挑战

经济全球化实际是以西方发达国家为主导的、以跨国公司为推动力的世界范围内的资源优化配置，归根结底是一个全球经济市场化或市场经济全球化的过程。经济全球化不仅是思想政治教育的现实背景之一，也是思想政治教育应当重视的教育内容。经济全球化的发展增强了国与国之间的联系和交往、渗透与融合，推动了世界和平进程的发展，也促进了我国经济发展和技术创新，加速了我国广大人民观念的更新。同时，经济全球化使我国人民更加看清社会主义国家与发达资本主义国家在经济方面的巨大差距，加上一些西方国家借机利用各种手段，宣传西方资本主义文化，导致我国的传统文化受到巨大冲击，某些人推崇资本主义的价值观念，附和资本主义的生活方式，渐渐滋生对外享乐主义和拜金主义，这都使部分大学生在思想层面抗拒社会主义的主流思想，阻碍了思想政治教育机制的有效构建和运行。

（二）进一步对外开放给构建和完善大学生思想政治教育机制带来新的问题

高度重视思想政治工作，是我们党的优良传统和政治优势。从新民主主义革命时期开始,到我国实行改革开放新的历史时期,再到中国特色社会主义发展的新时期,党始终坚持了这一传统。党的思想政治工作的生命线作用,重点表现为帮助人们树立科学的世界观、人生观、价值观,增强拒腐防变的能力。随着对外开放的进一步深入,我国社会经济成分、组织形式、就业方式和分配方式等日益变化,有利于人们克服因循守旧、故步自封的陈旧观念,推动了社会主义自由民主观念的发展,有利于大学生形成竞争意识、民主意识、创新意识,为大学生的全面发展创造了更加广阔的空间。与此同时,也给大学生思想政治教育提出了新的问题,如个人主义、拜金主义、享乐主义思想在大学生群体迅速蔓延,影响大学生世界观、人生观和价值观的形成,增加了实施大学生思想政治教育的难度。

(三)信息化的迅猛发展给构建和完善大学生思想政治教育机制增加了难度

互联网的出现和普及打破了时间和空间的限制,改变了信息的可控性,增加了实施大学生思想政治教育的难度。网络上不同国家之间的文化传统、思想道德观念和生活方式并存,特别是西方国家的价值观念、生活方式、意识形态以及不健康的内容的大量输入,消极的、不健康的和腐朽的信息和观念对涉世未深的大学生产生了许多不利影响。面对混杂的网络信息,生活阅历有限、政治辨别力差的大学生难免会在一些不健康思想的传播中迷失方向。同时,由于部分大学生长期生活在网络的虚拟世界中,网络生活的虚拟性和现实生活的强烈反差导致他们人际关系淡薄、人格异常和出现心理障碍。一旦大学生的思想和心理出现问题,大学生思想政治教育就无法顺利进行,进而影响大学生思想政治教育机制的有效构建。

第四节 构建和完善大学生思想政治教育机制

一、构建和完善大学生思想政治教育机制的基本内容

构建和完善大学生思想政治教育机制,是进一步加强和改进大学生思想政治教育,增强大学生思想政治教育的针对性和实效性的重要保证。思想政治教育是一个连续完整的不断提高人的全面发展和社会全面进步的过程,思想政治教育机制是一个连续完整的过程。因此,构建和完善大学生思想政治教育机制的主要内容应包含健全的反馈机制、导向的激励机制、科学的评估机制和完善的保障机制。

(一)健全的反馈机制

健全大学生思想政治教育的反馈机制,就是要构建和完善决策—领导—实

施—作用—效果—反馈，再循环到新的决策这样一个闭合系统，使大学生思想政治教育的各环节紧密衔接，各要素协调作用，共同作用于大学生思想政治教育的目标。具体而言，大学生思想政治教育应从两方面构建和完善思想政治教育反馈机制。一方面，建立健全反馈调节机构。建立以动态调查为主的专门化调研机构，是信息反馈的基础保证；另一方面，巩固完善反馈调节制度。一是反馈调节系统的整体效应需要用制度来强化。不仅需要健全思想政治教育子系统之间的反馈调节制度，同时需要巩固和完善思想政治教育系统与其他各系统之间的反馈调节制度，以保证思想政治教育对其他系统整体功能的有效发挥。二是落实岗位责任制确保反馈调节渠道的畅通。思想政治教育的反馈调节，其机构和人员存在权责不明、岗位不清的现状，所以建立岗位责任制是确保思想政治教育反馈调节的有效举措。三是反馈调节的民主氛围需要制度予以约定。思想政治教育的反馈调节行为灵活性较大，其反馈调节行为必须依靠制度来规范和保证。

（二）导向的激励机制

激励机制也称激励制度，是通过一套理性化的制度来反映激励主体与激励客体相互作用的方式。激励机制对组织的作用具有两种性质，即助长性和致弱性，也就是说，激励机制对组织具有助长作用和致弱作用。激励机制的助长作用是指一定的激励机制对组织成员的某种符合组织期望的行为具有反复强化、不断增强的作用。在这种激励机制作用下，组织不断发展壮大、不断成长，这样的激励机制是良好的激励机制。激励机制的致弱作用表现为由于激励机制中存在去激励因素，组织对成员所期望的行为并没有表现出来，尽管激励机制设计者的初衷是希望通过激励机制的运行能有效地调动组织成员的积极性，实现组织目标。无论是激励机制不健全，还是激励机制缺乏可行性，都会对一部分组织成员的工作积极性起抑制作用和削弱作用，这就是激励机制的致弱作用。因此，对于存在致弱作用的激励机制，必须将其中的去激励因素根除，代之以有效的激励因素。创新大学生思想政治教育，必须建立和完善大学生思想政治教育的激励机制，创新和改革内部人事制度、分配制度、管理体制等，更好地发挥激励机制的导向作用。

（三）科学的评估机制

思想政治教育评估是根据社会对思想政治教育的要求以及思想政治教育评估对象的实际，确立指标体系，运用测量和统计分析等先进方法，对思想政治教育的实际效果进行价值判断的过程。它为全面提高思想政治教育效果，保证思想政治教育系统的有效管理和正确决策提供可靠的依据。及时建立评估机制以推进思想政治教育的开展，势在必行。一是要研究制定具有科学性和可操作性的思想政治教育评价体系。多年来，思想政治教育针对性不强，实效性不够，从某种意义上讲，这与缺乏科学的评估标准有关。在这个价值多元化的时代，对一个人的"德"做出评价是艰难的。所以，构建以提升学生的思想政治素质为原点的思想政治教育评价体系和标准是教育机制健全的关键。二是要建立和完善思想政治素质的评价考核体系，把具体工作转移到注重综合素质的全面评价上，采取定量与定性相结合的评价方法，营造有利于宣传教育、促进人的全面发展的制度环境，形成评价和奖惩相结合的机制，做出合理的目标定位，着力自我教育和自我锻炼。

（四）完善的保障机制

为了使思想政治教育工作系统、有效地运行，必须有一定的条件作为保障。保障机制是思想政治教育工作运行机制的重要组成部分。第一，组织领导保障。各相关机构都要有领导专门负责思想政治教育，并切实负起责任。各级地方和各单位党委应根据需要，对本地区、本单位的思想政治教育实行有效的领导。要在党委统一领导下，充分调动各方面的积极性，齐抓共管，形成合力。第二，队伍保障。思想政治教育要有一支政治强、业务精、作风正的队伍做保证。各单位对思想政治教育者要关心、爱护、培养，采取切实措施，稳定队伍，并不断提高其各方面素质，解决好他们的职称、待遇等问题，使之集中精力做好本职工作。第三，经费及物质保障。为了提高思想政治教育的效果，必须在经费和物质方面给予有力保障。加大经费投入，改善教育条件，要从当代社会的实际出发，善于运用现代化的技术和手段，提高教育效果。

二、大学生思想政治教育机制的评价体系

（一）思想政治教育的评价

评价是人把握客体对人的意义、价值的一种观念性活动，反映了人类活动的一个本质特点：合规律性与合目的性的统一。评价是对价值的一种认识和判断。所谓"价值"，是指客体满足主体需要的属性。价值并非反映事物存在的实体范畴，也不是反映事物存在状况的样式范畴，而是反映人与外物的关系范畴。思想政治教育价值就是主体在思想政治教育的实践活动中建立起来的，以主体尺度为尺度的一种客观的主客体关系，是思想政治教育的存在及其性质是否与主体的本性、目的和需要相一致、相适应、相接近的关系，这种关系是思想政治教育在其教育活动和社会关系中合乎受教育者的发展和人类社会进步的目的而呈现出的一种肯定的意义关系。思想政治教育的评价就是思想政治教育价值的评价，这种评价的结论有两种：第一种是是否有价值，第二种是价值有多大。前

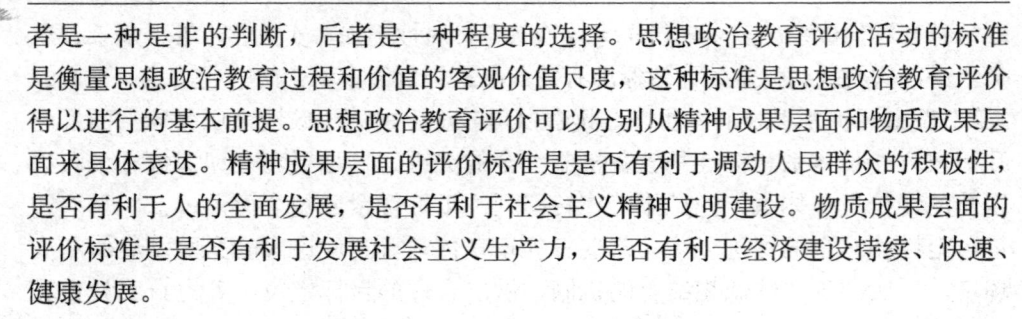

者是一种是非的判断,后者是一种程度的选择。思想政治教育评价活动的标准是衡量思想政治教育过程和价值的客观价值尺度,这种标准是思想政治教育评价得以进行的基本前提。思想政治教育评价可以分别从精神成果层面和物质成果层面来具体表述。精神成果层面的评价标准是是否有利于调动人民群众的积极性,是否有利于人的全面发展,是否有利于社会主义精神文明建设。物质成果层面的评价标准是是否有利于发展社会主义生产力,是否有利于经济建设持续、快速、健康发展。

(二)思想政治教育机制的评价

一般来说,思想政治教育机制效果体现在思想政治教育的要素作用机制、思想政治教育过程运行机制和思想政治教育的结果实现机制是否有效三个方面。因此,思想政治教育机制的评价也应从思想政治教育机制作用要素的效能、思想政治教育机制运行过程的效率和思想政治教育机制实现结果的效益三方面进行。

(1)思想政治教育机制作用要素的效能。效能是指事物或活动在达到相应目的的过程中所具有的效用、能量。或者说,效能重在指事物或活动对于目的的积极作用,即手段对于目的的意义,强调事物的作用性。机制的各个作用要素对于整个机制的有效性正是通过各自效能的发挥来体现的,其效能的最大化便是其有效性的最佳水平。"效能观"是思想政治教育机制作用要素的评判标准。

(2)思想政治教育机制运行过程的效率。效率是指目标实现过程中的状态,即为实现一个目标所需的能量和资源的数量。通俗地说,效率是指事物或活动的产出与投入之间的比例,它重在强调实践活动状态方面的量的描述。思想政治教育机制运行过程的有效性便体现在过程运行的效率上。思想政治教育机制运行过程的效率又可按照各子过程分解考证,如分为内化过程中思想政治教育机制运行效率,外化过程中思想政治教育机制运行效率,反馈调节教育过程中思想政治教育机制运行效率。"效率观"是思想政治教育机制过程运行的评判标准。

第三章　大学生思想政治教育队伍建设与管理

第一节　大学生思想政治教育队伍建设的理论体系

一、关于教育者的属性和作用的论述

（一）关于教育者的劳动属性

教师劳动属于不直接创造物质财富的非生产劳动，却对于创造物质财富的生产劳动具有巨大的指导意义，是劳动的再生产和再创造。另外，资产阶级把医生、律师、教师、诗人和学者变成了由他出钱雇用的劳动者。教师的劳动也是能够创造巨大的剩余价值的劳动。由于教师的劳动具有巨大的创造性，其对于社会的价值是不可估量的。这种创造性体现在教师自身对于教学方法、教学策略，甚至教学理论的创造以及对于知识的再发现和再创造，也包括教师在教学活动中与学生之间所产生的知识的创造，这都是在教师劳动付出的前提下获得的。总之，教师的劳动是创造性的非生产性劳动。

（二）关于教师劳动的意义

关于教师劳动的意义，马克思是从教育作用的角度来评价的。他认为，要改变一般人的本性，使他获得一定劳动部门的技能和技巧，成为发达的和专门的劳动力，就要有一定的教育或训练[1]。最先进的工人完全了解，他们阶级的未来，也是人类的未来，完全取决于正在成长的工人一代的教育。教师的创造性劳动是人类生产力发展的重要推动力。教育不仅是劳动能力的生产和创造过程，而且是改变社会条件和实现人类解放的重要手段。因此，教师作为教育活动的承担者，对于促进人才成长和社会进步具有重要意义。

---

[1]《马克思恩格斯文集》第 5 卷 [M]. 北京：人民出版社，2009.

（三）关于教师的劳动报酬

关于教师的劳动报酬，马克思是运用劳动价值理论来分析的。他认为，教师的劳动属于复杂的精神劳动，而少量的复杂劳动等于多量的简单劳动。因此应以复杂劳动为基本尺度来计算教师报酬，在量上倍加于简单劳动。这种对教师劳动的量化分析丰富了教师社会价值的内涵。

二、关于思想政治教育队伍建设基本方法的论述

（一）教育与人的全面发展

恩格斯指出，教育将使年轻人很快熟悉整个生产系统，将使他们能够根据社会需要或者他们自己的爱好，轮流从一个生产部门转到另一个生产部门。因此，教育将使他们摆脱现在这种分工给每个人造成的片面性。这句话不但说明教育对于年轻人在社会生活中的巨大作用，还提到教育指导年轻人全面地认识自身周围世界的能力，实现自身的全面发展，更进一步说明教育是实现人的全面发展的重要手段。

（二）教育与生产结合的纽带——实践

恩格斯指出，在社会主义社会，劳动将和教育相结合，从而使多方面的技术训练包括科学教育的实践基础得到保障。他十分强调教育与劳动实践相结合，所有儿童，从能够离开母亲照顾的时候起，都由国家出钱在国家设施中受教育，把教育和生产结合起来。恩格斯的这两段论述再一次体现了马克思主义认识论的基本原理，即认为劳动实践是人们对周围世界的理论认识的进一步升华，人们对世界的认识是从理论到实践，再从实践到理论的循环往复的过程。青年人的教育过程是青年对周围世界的理论认识过程，通过劳动实践检验自己认识的偏差，再回到理论中，进一步升华自己对事物的认识。在思想政治教育队伍建设选拔方面，提出了人员选拔的实践原则。

第二节　大学生思想政治教育队伍的现状

整体来说，我国大学生思想政治教育队伍是好的，这与新时期党中央高度重视队伍建设和我国高等教育蓬勃发展的大环境有关。客观分析我国大学生思想政治教育队伍建设取得的成就、现存问题及原因，有利于新时期我国大学生思想政治教育队伍建设。

一、大学生思想政治教育队伍建设的成就

我国大学生思想政治教育队伍建设的成就可以分为两个方面：一方面是理论建设成就，另一方面是制度建设成就。

（一）理论建设成就

在中国革命建设的过程中，党和国家领导人、专家学者对我国思想政治教育及其管理工作、队伍建设工作进行了艰苦的探索和深入的探讨，系统地提出了一套如何培养和使用干部的理论，主要包括干部选拔标准、干部激励培训办法、干部培养方法等，形成了关于干部队伍建设的理论体系，有效地促进了党的干部教育和培训制度的完善。

（二）制度建设成就

思想政治教育队伍制度的主旨是对思想政治教育管理队伍的地位、性质等的规定及思想政治教育主体在工作中所应遵循的程序性规范。

二、大学生思想政治教育队伍建设现存问题及其原因

（一）现存问题

随着我国社会主义建设中干部队伍建设的逐渐深入，大学生思想政治教育队伍建设取得了明显的成绩。但是从现实大学生思想政治教育所处的复杂环境来看，不难发现，我国大学生思想政治教育队伍建设依然存在以下问题。

1. 大学生思想政治教育队伍建设缺乏战略性规划管理

虽然国家已经制定和实施了有关大学生思想政治教育队伍的建设规划，但是，关于大学生思想政治教育队伍建设的整体性规划，长期以来依然处于空白状态。

2. 大学生思想政治教育队伍后备力量匮乏

当下的热门行业主要有：电子类、医生、管理类、经济类、财会类，等等。由此可以看出，追求个人收入的最大化，成为各类人才选择职业的首先考虑。据对某市12所大学的统计，工作在第一线的理论教育工作者主要是年龄较大的教师。在高等院校，由于理论教育工作比较特殊，理论教育工作者很少有机会出国参加各种学术交流。总之，吸引不进、保留不住高素质人才，已经成为制约思想政治教育队伍发展壮大的瓶颈。

3. 大学生思想政治教育队伍素质有待提高

现行的用人制度使大学生思想政治教育队伍部分成员缺乏竞争意识和危机感，思想政治教育工作做得不够深入。例如，经办人员不能及时收集各种信息，

不能有针对性地进行信息加工和处理，对工作中出现的问题缺乏变通，只能从事简单低级的工作，从而使思想政治教育工作的执行、监控和反馈系统反应迟钝。这样的思想政治教育很难达到培养符合社会主义要求的教育目的，很难培养出合格的社会主义接班人。

4. 大学生思想政治教育队伍的培育机制和保障机制不完善

从制度建设上看，大学生思想政治教育队伍的培育机制和保障机制不完善，主要表现如下。

（1）大学生思想政治教育队伍建设相对滞后。所谓相对滞后，是说刚刚建立大学生思想政治教育队伍制度，就存在不适应或者不完全适应大学生思想政治教育形势发展需要的方面，以致不能完全实现思想政治教育管理的各项任务，不能确保思想政治工作的顺利进行。例如，有的制度建设对文件的规定过于笼统，明显是缺乏调查研究而导致的结果，没有对事件细化和合理化；有的制度建设文件没有进行全局的制度规定，只是做了一些局部性规定，结果只能是文件规定了再规定，制度条例捉襟见肘。滞后的制度建设还表现在理论研究滞后，制度建设滞后，未能对大学生思想政治教育形势做出长远规划，等等。

（2）大学生思想政治教育队伍建设制度实施度不高。这是大学生思想政治教育工作实效性不高的主要原因。也就是说，实际工作中，很多高校在制度上做的种种规定很难实行，结果就是不去实行，制度就成了停留在纸上的一些文字，在年终的时候再次停留在总结汇报上。这就是一些单位的"说起来重要，做起来不要"。有的高校思想政治教育管理职能部门对于大学生思想政治教育工作做了各种规定，以很高规格的镜框将条例装裱悬挂，以表示健全的条例制度，严肃的工作作风，最终这些条例却成了旧照片。

（二）产生问题的原因

思想政治教育队伍建设中存在的问题，其原因是多方面的，个体因素与群体因素交织，主观因素与客观因素相杂等。大学生思想政治教育队伍出现的问题主要是由以下原因造成的。

1. 市场经济的负面影响

市场经济对思想政治教育队伍的负面影响。市场经济是一把"双刃剑"，在一定程度上打破了过去分配观念的平均主义，人身对单位的依附关系，促使市场参与主体认识到劳动和知识的价值，注重效率竞争，公平民主等新风尚，但是由于市场经济以资本作为唯一的分配手段，这在一定程度上使一些人滋生出拜金主义、享乐主义、极端个人主义等腐朽没落的思想。作为社会的一部分，高校同样受到市场经济负面效应的冲击，对于信念不坚定的思想政治教育工作者来说，巨大的生活压力和工作压力与社会上纸醉金迷的各种诱惑，无疑成了他们跳槽的最大动力。

2.个人思想修养欠缺

个人思想修养欠缺是产生以上各种问题的思想根源。在新的社会发展冲击下，思想政治教育队伍建设的问题一方面是由社会原因造成的，另一方面则来自个人主观方面。在大学生思想政治教育队伍中，不乏一些不注重自身修养的思想政治教育工作者。他们放松了对自己世界观、人生观、价值观的要求，忽视政治理论学习，一遇风吹草动就出现思想上的动摇和行为上的失范。功利主义和个人主义思想严重。以辅导员为例，这是一个对学生思想影响极大的岗位。从目前大学生辅导员队伍的整体状况来看，存在知识结构不合理、学历层次偏低、理论素养不高等问题。首先，知识结构比较单一。目前，大学生辅导员队伍大多不是科班出身，他们对于思想政治教育工作的认识不够，不积极主动地学习这方面的相关知识，仅依靠大学中学习的知识去教导学生。其次，学历层次偏低。当今时代是信息公开的时代，获得信息的渠道很多，只不过理解深度不够，所以对于大学生的思想政治教育，至少应该是硕士学位或者有丰富教学经验的老教师来担任，只有经验丰富的人才能提高大学生对于社会的认识程度。

三、大学生思想政治教育建设面临的挑战

目前，我国处于不断的发展与变革中，国际上的政治、经济、科技以及教育自身的发展对人们的思想理念、生活方式、价值观念产生了巨大的冲击，它们深刻地影响了当代大学生，同时也给大学生思想政治教育队伍带来了新的挑战。

（一）国际方面

（1）政治多极化的挑战。

（2）经济全球化发展的挑战。

（3）科学技术的挑战。

（二）国内方面

（1）社会价值多元化。

（2）我国经济发展的转型。

（3）社会主义核心价值观的要求。

（三）教育自身方面

（1）教育方针的转变。

（2）高等教育的改革和发展。

(四)大学生方面

随着改革开放和市场经济的发展,我国社会主义事业日益繁荣,人们的物质生活和精神生活都有了很大的改善。但是,随着对外交往的增加,某些外部的不良影响已产生,某些青年人过于追求个人物质享受,对社会缺乏责任感。另外,一些不正之风,也对大学生产生了消极影响。再加上社会急功近利思想的影响,部分大学生更加注重实用性知识,如专业知识、外语、计算机等的学习,忽视了爱国主义教育、社会主义理论建设、思想品德修养的学习。他们认为政治理论教育是"空洞的说教"。

以上是社会变化给大学生造成的影响。另外,新时期大学生本身的总体特征和面貌也发生了变化。一是大学生的来源与构成发生了变化,贫困生和特困生的比例有所上升。二是独生子女人数增加。独生子女自尊心强、思想活跃等特点给大学生思想政治教育队伍提出了新的要求。三是学生的思想观念和价值观念发生了变化。他们更加追求个性化和享受,忽略了社会责任和求知成才的内在需要。四是学习生活方式发生了变化。选课制与流动式学习对传统的政治理论课教育教学方式提出了重大挑战。五是学生接受信息的渠道变得多样化。网络、电视、报纸、广播等都成为学生接收信息的渠道。学生不再只是单纯地依赖教师来获得信息。这些变化要求大学生思想政治教育者要了解学生特征,转变育人观念,激发学生学习政治理论的需求。

第三节 大学生思想政治教育队伍的构成与素质能力要求

大学生思想政治教育队伍担负着思想政治教育设计、实施、检查和总结等任务。队伍的构成与能力是一个队伍建设的关键,也影响着大学生思想政治教育的成效。

一、大学生思想政治教育队伍的构成

大学生思想政治教育队伍的构成,是指大学生思想政治教育队伍这个整体是由哪些部分构成的以及构成的方式。构成决定功能。有什么样的构成,就会产生什么样的功能,好的构成必然产生好的功能。系统论的观点认为,一个系统功能的发挥,主要取决于两个基本要素:一是系统内各要素的质量,二是系统内各要素之间的组合方式,即系统的结构。因此,要研究大学生思想政治教育队伍的职能,就必须先研究大学生思想政治教育队伍的构成。

大学生思想政治教育队伍的构成,按照不同的标准,可以划分为以下几种类型。

（一）人员结构

大学生思想政治教育队伍的人员结构，是指这支队伍中人员的构成状况。目前，我国大学生思想政治教育队伍由专职人员和兼职人员两部分构成。

（二）知识能力结构

知识能力结构是指大学生思想政治教育队伍的知识和能力的构成。

1. 大学生思想政治教育队伍要具备合理的知识结构

一般而言，大学生思想政治教育工作者应具备完善的知识结构，要有扎实的大学生思想政治教育的专门知识和相关学科的知识等。根据不同大学的性质和情况，以及不同专业学生的情况，大学生思想政治教育队伍成员还应有各自不同的知识构成。

2. 大学生思想政治教育队伍还应具有相应的能力结构

知识和能力紧密相关。知识是能力形成和发展的前提和基础，能力是在掌握和运用知识的过程中产生和发展起来的。如果没有相应的知识，大学生思想政治教育工作者的能力就无法形成和发展。实践充分证明，知识的多寡、深厚和完善程度影响大学生思想政治教育工作者能力活动的广度、深度以及分析问题和解决问题水平的高度。大学生思想政治教育工作者的能力只有在学习和运用相关知识的过程中才能得以形成，只有随着相关知识的获取和运用才能促使其能力不断提高。

（三）年龄性别结构

年龄性别结构是指年龄结构与性别结构。大学生思想政治教育队伍的年龄结构是指大学生思想政治教育队伍中不同年龄段成员所占的比例。年龄能够折射出一个人知识、经验的多少和能力的强弱。通常，随着年龄的增加，人的各项能力不断增长，经验日益丰富。一支年龄结构合理的大学生思想政治教育队伍，应由不同年龄阶段的成员按一定比例组合而成。

二、大学生思想政治教育队伍的素质能力要求

（一）素质要求

大学生思想政治教育队伍作为大学生思想政治教育活动的组织者、实施者，教育、引导并规范着社会成员对理论知识的学习和应用，因此，大学生思想政治教育队伍应该具备多方面素质，包括政治素质、思想素质、科学文化素质、身体心理素质和网络媒介素质等。

（二）能力要求

大学生思想政治教育工作既要坚持科学性，增强说服力、震撼力和穿透力，也要尊重教育规律。思想政治教育队伍要改变以教师为中心的理念，发挥社会成员能动性，让社会成员在思考、比较、鉴别中学习。教育队伍能力要求主要包括教学能力、教育能力、教学艺术、实践能力、创新能力及对话能力等。

（三）师德修养

1. 师德素质

师德是一切教育工作者在从事教育活动中必须遵守的道德规范和行为准则，以及必须具备的道德观念、情操和品质，是职业道德的一种。作为以思想境界改变为效果的思想政治理论课，尤其要注重师德素质。思想政治教育理论课教师应当将高超的教书育人水平与高洁的为人师表品质统一起来，在人们心目中树立起学识渊博、爱岗敬业、品行端正、诲人不倦的良师益友形象，让人们既得到知识的哺育，又得到美德的熏陶。因此，在弘扬职业道德、维护自身形象方面，理论教育工作者应有更高的要求和自觉。

2. 思想境界

思想境界指的是理论课教师认识事物和认识自身所达到的觉悟程度（尤其是对教育规律和社会主义核心价值体系教育的认识）。一般而言，理论课教师的思想境界水平越高，越能做好思想政治教育工作。

3. 思想作风

思想作风是指思想政治理论课教师在日常教学工作中所形成的比较稳定的行为准则和做事风格。理论课教师应坚持解放思想、实事求是、与时俱进、一切从实际出发的思想路线，坚持理论联系实际，具体问题具体分析的科学态度。要襟怀坦荡、光明正大、大公无私、办事公道；要谦虚好学、虚心待人、谨慎从事，对自己严格要求；要有积极的人生观和价值取向，要有高度的社会责任心和使命感，以培养社会成员为己任，积极工作，努力进取，为坚持和发展马克思主义而努力奋斗。

第四节　大学生思想政治教育队伍的管理

各高校要充分认识到大学生思想政治教育的重要性，加大高校思想政治教育者的培养和管理力度，建设一支政治素质过硬、理论功底扎实、工作制度完备、教育效果显著的思想政治教育工作队伍。

一、大学生思想政治教育队伍管理的重要性

管理是人类社会特有的一种现象，是一个通过一定的方式和方法协调各种关系，以便发挥成员积极性，有效实现组织目标的过程。大学生思想政治教育工作队伍的有效管理，能促进高校思想政治教育目标的顺利实现。

（一）思想政治教育队伍的科学化管理是大学生思想政治教育取得实效性的保证

思想政治教育队伍的科学化管理能有效提升这支队伍的战斗力，使其在大学生思想政治品德培养中充分发挥作用。科学化管理包括科学的领导机制、选拔机制、岗位机制、交流机制和培养机制。高校必须加强党和国家对思想政治教育队伍的领导，以保证大学生思想政治教育的正确方向；必须坚持公开、公平、公正的选拔机制，以保证建立一支高质量的思想政治教育工作队伍；必须明确思想政治理论课教师、辅导员、班主任、导师、专业课教师等教育力量的职责，以保证其能尽职尽责；必须建立思想政治教育工作队伍的信息交流机制，以使教育者更全面地认识、把握大学生的思想走向；必须进一步拓宽教育队伍的培养渠道，以保证大学生思想政治教育能与时俱进，实现良性发展。建立健全大学生思想政治教育工作队伍的领导机制、选拔机制、岗位机制、交流机制和培养机制，能增强这支队伍管理的有效性，进而提升大学生思想政治教育的效果。

（二）思想政治教育队伍的有效管理是大学生思想政治教育迎接新挑战的需要

在信息化时代，大学生每天都能接触到各种各样的信息，这些信息有正确的、错误的，有积极的、消极的。如何正确引导大学生对这些信息做出理性判断和分析是大学生思想政治教育者的首要工作。经济全球化导致市场经济下出现的一些错误导向、社会不正之风的负面示范、不良社会思潮的影响、大众传媒的舆论导向失范等一系列挑战摆在了高校思想政治教育工作者面前。如何积极应对挑战，对大学生开展有效教育，不是某一个教育者的事情，而是整个教育者群体必须共同面对的问题。加强思想政治教育队伍管理，为教育者创造交流的机会、学习的平台、培训的渠道，无疑能调动教育者的积极性、主动性，集思广益，共同应对挑战。

二、加强大学生思想政治教育队伍的管理

大学生思想政治教育者是大学生良好的政治认知、道德行为、价值观念等形成的引导者。大学生思想政治教育队伍建设直接影响着大学生思想政治教育的效

果。加强大学生思想政治教育工作队伍建设应从以下方面进行。

（一）加强对大学生思想政治教育队伍的领导

中国共产党在长期的革命和建设实践中形成了思想政治教育的优良传统。党的思想政治工作是经济工作和其他一切工作的生命线。党和政府必须加强对思想政治教育的领导，牢牢把握"生命线"。大学生思想政治教育作为党的思想政治工作的重要组成部分，必须将整个工作的领导权掌握在党和政府的手中，只有这样才能保证大学生思想政治教育正确的政治方向，实现其为社会主义现代化建设培养接班人的历史使命。各级党委和政府、教育部门是对大学生思想政治教育队伍进行管理的具体实施者。教育部要对大学生思想政治教育队伍的建设进行统一规划、组织协调、宏观指导和督促检查。各高校要高度重视这支队伍的建设，要专门安排负责思想政治教育队伍管理的工作人员。

（二）完善大学生思想政治教育队伍的选拔机制

思想政治教育者的选拔直接决定能否有效开展大学生思想政治教育。"德才兼备"是选拔工作的基本原则。德才兼备，要求在思想政治教育者的选拔中不仅要注重应聘人员的学历、能力，还要注重其品德，要把那些有知识、有才能、品德好、善于进行思想政治教育的人员选拔到思想政治教育队伍。选拔中要按照公开、公平、公正的原则，给应聘者一个平等竞争的平台，也给思想政治教育工作一个选用最佳人才的平台。

（三）探索大学生思想政治教育队伍的培养方式

教育者是做好大学生思想政治教育工作的主体，他们是教育的推动者，他们首先要把自身教育好，把提升自身的理论修养、道德素质，才有资格去教育大学生。所以高校在把好选拔关、使德才兼备的人从事思想政治教育工作的基础上，要通过岗前培训、在岗培训、社会考察、脱产学习等方式开展对这些人员的培养。一般来讲，在教育者上岗前必须先进行岗前培训，使教育者明确教育职责，掌握教育方法和技能，熟悉业务，对大学生思想政治教育工作形成总体认识。教育者上岗后还要不定期地对其进行在岗培训。在岗培训的方式可以是多样的，包括请优秀工作者进行经验讲授、情境示范，教育者间进行互动交流等。社会考察的培养方式是针对某一社会现象组织教育者进行专题调研，形成对问题的科学认识和对学生开展教育的工作思路。脱产学习需要校方从时间和经费上保证进修教师能充分利用学习时间提升素质。高校思想政治教育队伍的培养方式还应在实践中不断探索。

第五节　大学生思想政治教育队伍建设及成效

一、大学生思想政治教育队伍建设

党和国家非常重视大学生思想政治教育队伍建设工作，从队伍构成、定位、分工、政策保障以及培养培训等方面探索创新队伍建设的新格局，推动了大学生思想政治教育队伍建设的稳步发展。

（一）明确了大学生思想政治教育队伍的构成、定位和分工

学校党政干部和共青团干部负责学生思想政治教育的组织、协调、实施；高等学校党委要统一领导大学生思想政治教育工作，定期分析大学生思想状况和思想政治教育工作状况，制定思想政治教育的总体规划，对学生思想政治教育工作进行全面部署和安排；把思想政治教育与教学科研社会服务工作结合起来，同时部署，同时检查，同时评估；学校各部门要明确各自职责，密切协作，切实完成相应任务；学校基层党团组织要认真履行学生思想政治教育职责，把加强和改进大学生思想政治教育工作落到实处。这些规定使高校党政干部和共青团干部在大学生思想政治教育工作中的定位更加清晰、职责更加明确。

辅导员和班主任是大学生思想政治教育队伍的主体，是大学生思想政治教育的骨干力量。辅导员按照党委的部署有针对性地开展思想政治教育活动，班主任负有在思想、学习和生活等方面指导学生的职责。辅导员、班主任的角色定位，从兼职思想政治工作者、专职思想政治工作者发展为大学生思想政治教育的骨干力量，大学生思想政治教育和管理工作的组织者、实施者和指导者，大学生的人生导师和健康成长的知心朋友，对其定位更加科学具体，不仅适应了大学生全面发展的要求，也有利于提高辅导员、班主任的社会地位，树立良好的职业形象，增强其职业归属感和事业成就感。

（二）完善了大学生思想政治教育队伍建设的政策保障

在教育系统各类教师表彰体系中，要对思想政治理论课教师的评比确定相应比例，进行统一表彰，增强教师的责任感和荣誉感。要及时发现、树立思想政治理论课教师先进典型，加大宣传、推广力度。各种政策文件对思想政治理论课的教学时数、经费投入、教师待遇、考核评估、职务评聘、表彰奖励等有明确具体

的规定，为思想政治理论课教师队伍建设提供了强有力的制度保障。

（三）加强了大学生思想政治教育队伍的培训

1. 对辅导员队伍的培训

教育部连续多年举办全国高校辅导员、班主任骨干示范培训班，各培训基地也纷纷举办上岗培训、骨干培训、高级研修等多层次、多类型的培训，总体上形成了以教育部举办的全国辅导员骨干示范培训为龙头，以辅导员培训和研修基地举办的培训为重点，以高校举办的系统培训为主体，专业培训与学历提高相结合、精英化培训与大众化培训相统一、日常培训与专题培训相补充的多层次、多形式的培训体系。

2. 对思想政治理论课教师的培训

近年来，国家通过全员培训、骨干研修、在职攻读学位、国内考察、国外研修、以项目选人和选人给项目等多种途径进行思想政治理论课教师的培训，建设一支"让党放心、让学生满意"的高校思想政治理论课教师队伍。努力造就数百名政治坚定、理论功底扎实、善于联系实际、具有较高教学水平和科研能力的领军人物、中青年学术带头人；培养数千名思想政治理论素质高、业务精湛、具有发展潜力的教学一线骨干教师；建设数万支坚持正确方向、师德高尚、业务熟练、结构合理的专业化教师队伍，为加强和改进大学生思想政治教育，培养德、智、体、美全面发展的中国特色社会主义事业合格建设者和可靠接班人做出贡献。

二、大学生思想政治教育队伍建设的成效

大学生思想政治教育队伍建设取得了显著成效，为大学生思想政治教育理论和实践的发展创新提供了坚强的组织保障和人才保障。

（1）经过不懈的努力，初步形成了分工合作、结构合理、专业化培养、多样化发展、规范化管理的有中国特色的高校思想政治教育队伍建设格局，为加强和改进高校思想政治教育工作提供了有力的组织保证和人才支撑。

（2）大学生实际思想水平不断提升，多数大学生能够坚持正确的政治方向，拥护中国特色社会主义事业，积极承担社会责任；能够树立正确的世界观、人生观和价值观，在纷繁复杂的社会环境下做出理性选择。在社会主义核心价值体系的引领下，绝大多数学生能够遵守学校规章制度，有较高的思想政治觉悟、积极向上的人生态度、刻苦努力的学习风气、健康的心理素质、文明的行为习惯、和谐的人际关系等。

第四章 大学生思想政治教育创新研究

第一节 大学生思想政治教育观念创新

一、以人为本的价值取向

（一）以人为本是思想政治教育的本质要求

按照历史唯物主义的观点，社会意识不仅有相对独立性，更能对社会存在产生能动的反作用。蜘蛛的活动与织工的活动相似，蜜蜂建造蜂房的本领使人间的许多建筑师感到惭愧，但是最蹩脚的建筑师比蜜蜂高明的地方就在于他在用蜂蜡建造蜂房之前，已经在自己的头脑中把它建好了。思想是行动的先导。正确的思想、观念、理论能推动事物的发展；反之，错误的思想、观念、理论则会阻碍事物的发展。在学校的思想政治教育中，正确的教育理念能有效地指导教育者制定符合学生思想实际的、有层次的、分阶段的教育目标，选择贴近学生、贴近生活的教育内容，采用行之有效、多种方式相结合的教育手段，利用多种多样的教育载体，进行准确有效的教育评估，从而达到提高学生的思想政治素质，提升学生综合竞争力的目的。

教育绝非单纯的文化传递，教育之为教育，正在于它是人格心灵的唤醒，这是教育的核心所在。大学教育是学校教育的高级阶段，是通过高深文化的传递、内化、选择和创新，来培养社会发展需要的、有创新精神的、全面发展的高级专门人才。真正的大学应该是探索真理和自由成长的最佳处所，在这里充满着对人的价值与意义的理解和尊崇，能够使置身于其间的每个人感受到充满内心的庄严感和被净化了的自我超越感。

作为培养大学生思想道德素质的思想政治教育，更应当充分表现对人的生命、价值、尊严的关切，确立"以人为本"的理念。这既是思想政治教育的本质要求，也是思想政治教育的历史启迪，更是思想政治教育的时代召唤、功能定位和力量源泉。

（二）大学生思想政治教育中忽视以人为本的表现及后果

一直以来，受到社会环境的影响，在我国高校大学生思想政治教育实践中也存在忽视以人为本的现象。主要表现在以下几方面。

1. 忽视学生的主体差异性

在思想政治教育中，习惯于用过高的标准和统一目标教育要求学生，统一的人才培养模式，雷同的专业课程设置，单一的教学教育方法，造成了"千校一面，万生一模"的尴尬局面。

2. 过分突出教师的主导作用

片面强调教师的权威，忽视学生的主动性和积极性；过分强调有序、服从与奉献的道德规范以及与之相应的观念；一些教师总习惯以"传道、授业、解惑"的身份自居，要求学生"师云亦云""唯命是从""不能越雷池一步"。

3. 教育和教学的人为分割

思想政治教育在不少学校变成了一个脱离智育、体育等各个学科教学、教育的单独领域。思想政治教育从完整的教育中被割裂、抽离出来，仅靠单独的课程、配备专业的老师、设立独立的机构来实施，这使对人的全面教育、对人的灵魂原本起着引导作用的教育变成了某一门课的任务，某一本教材的任务，某一个或一些教师的任务，某一个机构的任务，变成了在一个集中时段里进行的事情。

4. 在思想政治教育中采取单向灌输的办法

高校往往把学生作为影响的对象，片面强调思想政治教育知识的掌握，所施加的多是口号式的令人可望而不可即的思想政治教育条例，把思想政治素质的提高过程等同于科技知识的接受与理解，整个思想政治教育过程忽略了学生的主体需要，忽略了人与人的心灵交流，把人视为填充各种美德品格的袋子，思想政治教育忘记了人有思想、有感情、有精神世界，使部分学生形成了"知而不信""言而不行""知行不一"的双重人格。

在这种忽视人本的教育理念的指挥下，高校思想政治教育出现了脱离实际、学生产生抵触情绪、缺乏实效性等令人担忧的严重问题。媒体报道的一系列大学生道德危机事件更让人们看到了加强和改进大学生思想政治教育的紧迫性。

（三）尊重学生主体性，树立以人为本的教育新理念

新形势下，高等院校思想政治教育要改变过去教师一人掌控，忽视学生主体性的局面，树立"以人为本"的教育新理念，就必须充分认识当前学校教育的实际情况，深入分析学生的思想状况，认识社会对学生的影响，真正了解学生、关心学生，树立"育人首位"的思想，一切为了学生，为了学生的一切。

二、社会功能与个体功能相统一的功能观

思想政治教育的社会功能是指思想政治教育服从和服务于社会发展,既适应社会政治、经济、文化的发展,受政治、经济制度和社会主导意识形态的制约,服从党的中心工作,又促进政治、经济、文化的发展,为党的中心工作服务。思想政治教育的个体功能是指思想政治教育通过培养、提高人们的思想政治素质,完善人们的个体人格,最大限度地调动人们的主观能动性和发掘人的内在潜能,培养人的创造精神,实现个人的自由全面发展。只有用人类创造的全部知识财富来丰富自己的头脑,才能具备现代有学识的人所必备的一切实际知识,社会主义核心价值观,包含了对思想政治教育个体功能的概括,也为思想政治教育个体功能的发挥提供了指导。思想政治教育的社会功能与个体功能之间是一种内在的辩证统一关系。

第二节 大学生思想政治教育内容创新

我国高校思想政治教育内容的创新发展需要遵循科学而正确的途径,这样才能顺利而有效地实现高校思想政治教育内容创新的目标。笔者认为,这样的途径主要包括有效结合心理与道德教育来实现高校思想政治教育内容创新的途径,有效结合网络教育与法纪来逐步实现高校思想政治教育内容创新的途径,以及有效结合发展稳定性与连续性来实现高校思想政治教育内容创新的途径。

一、结合心理与道德教育实现内容创新

高校思想政治教育在培养德才兼备、情智并重、身心健康的创新人才方面需要承担起时代的责任,努力构建一个发展性的教育系统,以替代传统的矫治性的教育系统,从而促进大学生心理健康教育的良性发展。在这个过程中,如何构建大学生心理健康教育体系尤为重要。

1. 在发展性原则指导下构建高校学生心理健康教育体系

在构建这个体系的过程中,要始终抓住发展理念,将其作为核心目标,从而提高大学生健康心理水平,以及培养自我心理调节能力,进而持续地激发自己的潜能,为高校学生健康全面发展奠定坚实的心理教育基础。

2. 以系统性原则构建高校学生心理健康教育体系

在这个教育体系中要实现各种教育资源、教育力量通力合作,协调发展。长远来看,构建一个系统的高校学生健康教育系统,在理论探索、教育实践、人员

培训上都比分散建设和重复建设更节省教育成本。

3. 要坚持人本性原则和科学性原则，构建适用的大学生心理健康教育体系

提高与发展当代大学生内心水平，其思想政治教育的方法、手段与途径的采用必须遵循人类的心理发展规律及人本性原则，指导构建大学生的心理健康教育体系，并在整个大学生心理健康教育过程中贯彻人本性原则。

二、结合法纪与网络教育实现内容创新

目前，高校仍然是我国社会"网络化"和"数字化"发展的前沿阵地。互联网和虚拟社区的各种信息对大学生的政治立场、道德认识、价值标准和心理发展都具有重大的影响力。网络的发展给我国高校法纪教育提出了许多新挑战，一方面，要求我们直面这些挑战，勇敢地迎接挑战；另一方面，网络在主旋律的宣传、正面信息广泛而快速传播等方面为高校思想政治教育创造了新机遇，为我国高校学生的法纪教育与网络教育的结合提供了契机。

在高校思想政治教育过程中，法制教育实例的教育效果是非常明显的。一些高校思想政治理论课教师在应用案例教学时取得了很好的效果，也积累了许多有益的经验。

思想政治教育工作者可以在思想政治教育内容中引入网络上最新的与法律和纪律相关的文字新闻、视频报道等，丰富化、生动化、形象化思想政治教育，使教育内容在吸引学生注意力的情况下更好地入其心，进其脑。

这就要求高校在设置思想政治教育内容过程中，要提高高校网络道德教育水平，特别是加强法律意识和爱国主义教育意识。同时，高校思想政治教育也要充分利用高校互联网，引导大学生利用互联网的便捷优势进行法纪自我教育。还可以把高校思想政治教育专题网站建设成内容丰富、贴近大学生的法纪教育阵地，积极主动地拓展高校法纪教育与网络教育结合的途径和范围。

三、结合发展稳定性与连续性实现内容创新

高校思想政治教育内容在马克思主义指导下，以中国特色社会主义理论体系为核心内容，总体来说是具有稳定性的。但改革开放以来，我国社会各方面均发生了日新月异、翻天覆地的变化。现实社会实践的变化，决定了高校思想政治教育的内容必须随之发展与创新，以适应现实社会的发展变化。在中国共产党的领导下，大学生思想政治教育遵循党的基本路线、方针政策，适应党的工作重心的转移，完成了当代大学生思想政治教育的基本任务，不断创新与发展大学生思想政治教育内容。党和国家领导人的创新性理论成果不断补充到中国特色社会主义理论体系中，高校思想政治理论课的内容也要进行相应的调整。在这个过程中，

必须努力处理好思想政治教育内容稳定性和连续性的关系。既要把握好政治方向，又要与时俱进。

第三节 大学生思想政治教育方法创新

一、以校园网络建设为平台，加强大学生思想政治教育

新世纪是一个高度信息化的时代，网络正在成为影响人类社会生活的主体。正如美国未来学家托夫勒所说，谁掌握了信息、控制了网络，谁就拥有这个世界。高校由于在信息资源和人才培养中的重要地位，成为中国"网络社会"发展的前沿。因此，要增强思想政治教育的实效性，必须创新多层次的网络教育法。网络教育法是教育主体利用网络有目的、有计划、有组织地对大学生施加思想观念、政治观点、道德规范和信息素养教育方面的影响，然而，大学生并未感到有任何强制性。因此，才能取得良好的教育效果。

二、以课堂教学为平台，加强大学生思想政治教育

高校的主要职责是培养人才，课堂是教师向学生传道、授业、解惑的主要场所，是师生沟通和交流最重要的地方。因此，加强和改进大学生思想政治教育必须抓住教书育人这条主线，立足课堂教学，建设好这个主渠道，充分发挥各类课程的育人合力，形成以思想政治理论课和哲学社会科学课为基础，各专业课程相互配合、共同起作用的全方位思想政治教育体系。

（一）优化课堂教学内容，增强现实性和针对性

教学内容是否深刻丰富，是否能够反映时代的变化、特点和要求，是否能够释疑解惑，对教育效果的影响是至关重要的，并直接影响理论说服力和可信度。需要明确的是，如果没有理论的深刻性，就没有理论的说服力、震撼力和思想穿透力。如果仅限于一般的经验之谈和照本宣科，内容缺乏深刻性，肯定会被学生认为是毫无意义的重复。如果教学内容缺乏针对性和现实性，理论的可信度自然会降低，教学就会缺乏吸引力。因此，优化教学内容是思想政治理论课内容创新的核心。

（二）建立一支专兼职相结合的高素质教师队伍

思想政治教育理论课教师队伍建设是确保思想政治教育理论课良性发展和创新的基础，忽视了这个基础性建设，思想政治理论课的发展与改革就会落空。

三、以校园文化建设为平台,加强大学生思想政治教育

文化的发展和繁荣是和谐社会的一个重要特征,对于促进和谐社会的形成具有不可替代的作用。这就启发我们加强校园先进文化建设,发挥校园文化的育人功能。从校园文化概念本身来看,它属于文化建设的一部分,但校园文化不是脱离大学生生活的,而是大学生学习、工作和生活和谐相融的重要组成部分。这一特点决定了它是促进大学生全面和谐发展的一个重要载体。这个载体,由于文化本身的特性,蕴藏着潜移默化、点滴渗透的重要育人功能。近年来,积极、健康、向上的校园文化已经成为高校一道亮丽的校园风景线,但是各学校校园文化建设缺乏和谐性。建设和谐的校园文化,应成为创新大学生思想政治教育的一个重要努力方向。

四、以社会实践为平台,加强大学生思想政治教育

实践教育法是一种让青年大学生在亲身体验和亲自做的过程中获得正确认识、深刻体验和正确行为习惯的方法。古人云"纸上得来终觉浅,绝知此事要躬行",但是,目前由于多种因素的影响,高等教育只重视书本知识的传授,而忽视社会实践的教育,以致教育与实践严重脱节。社会实践对于促进大学生了解社会、了解国情,增长才干、奉献社会,锻炼毅力、培养品格,增强社会责任感具有不可替代的作用。

第四节 大学生思想政治教育载体创新

载体创新,就是要充分利用、创设和构建积极有效的思想政治教育新载体以增强大学生思想政治教育工作的时效性和吸引力。有效开发和整合现有思想政治教育中的文化载体、活动载体、管理载体和传媒载体等载体资源,形成大学生思想政治教育的合力。

一、文化载体创新

思想政治教育的文化载体,是指能够有效承载社会文化的一切事物。它将思想政治教育的内容置于当代先进文化建设中,通过增长知识与提高素质的发展途径来稳步提高人们的思想认识和觉悟水平。我国高校的思想政治教育蕴含着极为丰富的文化资源,更是肩负着神圣的文化使命。众所周知,文化是大学生思想政治教育的非常必要和最为重要的发展载体。

二、活动载体

创新活动载体指的是思想政治教育工作者通过有意识地开展各种各样的具体活动，将思想政治教育的传输信息寓于每次活动中，使大学生在享受活动的过程中接受思想政治教育，并稳步提高他们的思想政治素质和道德素质。党的思想政治教育的一个优良传统就是要把活动作为思想政治教育的重要载体，这也成为当前我国思想政治教育的内在要求。活动载体的形式多种多样，在高校，主要包括社会实践活动、党组织活动、团组织活动、文艺体育活动、社团活动、学习竞赛活动以及大学校园精神文明创建活动等。学生党团组织活动具有鲜明的政治性、规范性、教育性，是引导大学生进行自我教育的途径。通过组织党的基本知识学习小组、党课团课教育、时事政策讲座、参观访问、社会调查、社会公益劳动、知识竞赛，以及丰富多彩的文艺、体育活动等形式对大学生进行日常的思想政治教育。学生社团活动是高校校园文化的重要载体，是第二课堂的重要组成部分，是开展学生思想政治工作的重要渠道。

三、管理载体创新

管理载体，指的是通过将思想政治教育内容置于高校的管理活动中，并与高校的管理手段有效配合，从而达到不断提高大学生思想政治素质和道德素质的目的，并以此来逐步规范大学生的行为，充分调动大学生的生产、工作和学习积极性。思想政治教育要想实现以管理为载体，就必然要将思想政治教育与管理有机地结合起来，真正实现在思想政治教育中有管理，在管理中有思想政治教育。

思想政治教育者应该积极支持各级管理人员大胆管理，并主动参与管理过程，包括参与制定、宣传、督促执行规章制度，协调各种关系，努力促进管理水平的提高。高校要更为广泛地充分地运用大学生思想政治教育的管理载体，将大学生思想政治教育置于高校的各项管理工作中，系统理顺大学生的思想情绪，使高校的管理普遍得到管理对象也即大学生的理解与支持。

四、传媒载体创新

传媒载体指的是大众传媒向广大受众大力传播思想政治教育的内容，使人们在接受广泛信息的同时接受思想政治教育。这些载体具体包括报纸、杂志、书籍等传统媒体；广播、电影、电视、网络等新媒体。在当代中国的社会文化结构中，由大众传媒生产和传播的大众文化逐渐构成一股强大的文化力量影响着受众的思想观念和行为方式。在信息开放的现代环境中，青年大学生在对信息接收心理方面具有渴求度高，对新颖、快捷信息异常敏感等特点，不仅最愿意接受大众传媒的影响，也最依赖大众传媒的作用。现代大众传媒通过对大学生学习、生活和成长的全方位渗透,已成为大学生成长和成才最重要影响因素之一。在中国的教育改革和发展过程中,现代大众传媒及时介入学校,在为高校教学提供现代化设备和手段的同时,也传递着更多市场文化的价值观念和生活方式,使学校德育的影响逐渐减小,而大众媒介对大学生思想政治品德形成和发展的影响却不断增大。

第五节 大学生思想政治教育机制创新

思想政治教育的育人目标能否实现、育人功能能否发挥,关键要建立一个行之有效的运行管理机制。反思我国大学生思想政治教育活动的历程,高校深刻地认识到最缺乏的就是这种机制。因此,在新形势下,必须创新领导机制、沟通机制、保障机制、激励机制、评价机制,这样才能达到预期目的。

一、强化大学生思想政治教育领导机制

领导机制是大学生思想政治教育运行的"龙头",其是否得到完善和加强,直接影响大学生思想政治教育工作的落实与否。领导重视是做好一切工作的前提和保证,领导机制创新的核心就是要建立党政领导的共同负责制。落实党委负总责,校长及行政系统组织负责为主的思想政治教育工作领导管理体制,把思想政治工作纳入学校工作的总体规划,真正做到把思想政治教育贯穿于教育的全过程,落实在教学、管理、后勤服务的各个环节。努力形成"党委领导、党政结合、强化行政、齐抓共管"的大学生思想政治教育工作一体化运行机制,切实为提高大学生思想政治教育工作有效性提供组织保障。与此同时,还要建立健全学校内部各职能部门联合协调机制,分工负责、各司其职、协调配合,从不同角度、以不同方式开展工作,努力形成思想政治教育工作的强大合力。

二、构筑大学生思想政治教育沟通机制

沟通是大学生思想政治教育管理活动和管理行为中重要的组成部分。大学生思想政治教育工作中的沟通包含教育主体与大学生之间的沟通、高校与大学生家长之间的沟通、家长与学生之间的沟通、学生与学生之间的沟通、社会与学生之间的沟通等方面。良好的思想政治教育沟通表现为:认识上产生认同,情感上产生共鸣,观念上发生质的飞跃。通过良好的沟通可以增进理解,深化认识,力求达到塑造品质、健康心理的效果。通过沟通,架起相互理解、信任的桥梁,推动感情心理交汇,从而达到相互启发、明辨是非、团结统一、凝聚人心的预期目的。努力构建学校与社会、学校与家庭以及社会与家庭相互间协同运作的沟通协

调机制，充分释放三者的叠加效应，以期达到 1+1+1>3 的效果。

三、建立大学生思想政治教育保障机制

思想政治教育保障机制是思想政治教育的"安全阀"。它是保证思想政治教育活动得以正常、有序进行的必要的内外部条件。思想政治教育系统的有效运行，必须以一定的保障条件为基础。

（一）制度保障

高校要抓紧制定和健全思想政治教育的法律法规和制度，依法加强对社会生活各个方面的管理，把我们倡导的思想道德原则融入科学有效的社会管理中，形成良好的社会环境。实现思想政治教育工作的规范化、制度化，保证思想政治教育体系中各责任单元都能很好地履行自己的职责，完成自己的任务。

（二）队伍保障

高校要按照素质提高、结构优化、可靠稳定的培养要求大力加强思想政治工作队伍建设。高标准选聘专兼职辅导员充实到思想政治教育工作队伍中，通过建立日常培训与专题培训相结合的分层次、多形式培训体系来加强政工干部的培养。建立政工干部激励机制，切实解决其评聘教师职称或行政职务问题，改善他们的工作环境和条件，为辅导员、班主任工作和发展建立政策保障，努力加强思想政治工作的组织建设。

（三）物质保障

高校应高度重视思想政治教育的"硬件"建设，加大经费投入，不断改善条件，优化教育手段。另外，高校要充分地运用多媒体和网络传媒等高新科技手段促进大学生思想政治教育手段的现代化发展。

四、完善大学生思想政治教育评估机制

思想政治教育必须讲究效益。对思想政治教育工作效益进行科学评估，既有助于正确评判思想政治教育工作的现状与效果，也有助于人们树立正确的思想政治教育工作价值观。大学生思想政治教育评估既是大学生思想政治教育过程的一个基本环节，又是大学生思想政治教育信息反馈的基本方式之一。建立效益评估机制以推进思想政治教育，势在必行。

一方面，各级思想政治工作的领导部门要建立和完善思想政治教育评估制度，各级党政领导机关还要按照制度规定定期或不定期地对所主管单位进行检查、评估、督导和验收。

另一方面，要确立科学合理的评估标准，制定科学、可行、实用的大学生思想政治教育评价指标体系。高校应该始终坚持精神成果与物质成果相统一，近期效益与长期效益相统一，个体效益与群体效益相统一，静态效益与动态效益相统一的原则，综合运用测算分析评估方法，充分利用先进的测量与评定技术，通过定性与定量分析，对思想政治教育工作的实践结果进行多形式、多角度、多层次、多方面的综合性评估。另外，在此科学评估的基础上实行奖惩政策，以杜绝思想政治教育工作领域干好干坏一个样、干与不干一个样的不良现象。

第六节　大学生思想政治教育价值创新

一、个人价值创新

（一）大学生思想政治教育要肯定学生的个人价值

这就意味着思想政治教育在坚持正确的政治方向的同时要积极主动地理解当代大学生的心理、生理和社会发展情况，理解大学生的文化，把大学生作为一个独特的群体或个体，信任、接受和尊重大学生的特点，有利于大学生在安全、温暖、宽松的环境中，探讨自我，剖析自我，并肯定自己的主体性和实现人生价值的信心。

（二）大学生思想政治教育要信任学生的个人价值

真诚信任指的是教育工作者保持一种真挚、诚实的态度，表里如一，开放自信，信任对方，不戴假面具，不以势压人，要以真实的感情、真实的想法、真实的言行开展工作，真情流露，以情感人，以理服人，实现双方的良性互动。真诚并不等于信口开河，没有节制。

（三）大学生思想政治教育要求维护学生的个人价值

大学生思想政治教育在保持基本原则和指导思想的前提下，要充分尊重学生的主体能动性，在具体的内容、方法、时间、方式上尊重学生的自我选择权，避免替学生做决定、大包大揽、全权代理的行为。维护学生的自决权并不等于袖手旁观、不闻不问，而是要满怀信心和希望，及时反馈，积极鼓励。

二、管理价值创新

(一) 管理价值的分类

高校思想政治教育是一项处理人与人、人与社会之间关系的、解决人的思想问题和政治问题的具体实践活动。这种实践活动具有重要的管理价值。根据价值主体的社会层次划分原则,思想政治教育的管理价值可分为社会管理价值、集体管理价值和个人管理价值。在高校管理中,能否调动管理对象的积极性、主动性,对管理的成败至关重要。集体管理价值还深刻影响思想政治教育个体管理价值。因此,思想政治教育的集体管理价值理应成为思想政治教育价值层次中不可或缺的方面。

(二) 管理价值的特点

思想政治教育的管理价值具有教育手段结合于管理手段、潜在价值伴生于现实价值、管理艺术渗透于管理科学等特点,正确地把握思想政治教育在管理活动中发挥其价值的特点,对于在管理实践中更好地实现其价值具有重要意义。要增强思想政治教育管理价值的主动性和创造性,要对思想政治教育管理功能有科学和深入的认识。而要确立这种科学和深入的认识,又必须克服和纠正对思想政治教育与管理关系的片面认识。

(三) 管理价值创新的实现

通过对管理价值的分类及特点的分析,我们就能正确把握现代管理以人为核心的深刻内涵。要把人真正置于管理活动的核心,立足于人的主体性和能动性,通过对人的工作,达成对事、对物的管理,实现社会和组织目标。以人为核心,进一步要求对人的管理的出发点和落脚点要从以人为手段转换到以人为目的上来,真正着眼于经济社会和人的全面发展;以人为核心,还意味管理不仅是消极地控制、约束人,更要注重培育人、开发人;以人为核心,要坚决改变管理简单化、表面化和低层次倾向,充分发挥思想政治教育的管理价值。作为现代管理的重要组成部分,思想政治教育作为实现人本管理的基本手段、方式,具有独特的管理价值,处于重要地位。因此,高校必须用整体观念、动态观念、开放观念和层次观念来把握和提升思想政治教育具体管理功能。

三、社会价值创新

和谐社会理念要求重视大学生的价值观建设。价值信仰是物质利益在意识形态领域的反映,共同的价值信仰是共同的物质利益的反映。价值信仰一旦形成,就会成为强大的精神力量,对社会团结、社会和谐产生巨大的能动作用。历史经验表明，无论任何时候，共同的价值信仰都是全社会共同的精神支柱，为社会的发展指明方向，提供源源不断的精神激励和智力支撑。社会主义和谐社会是一个有共同价值信仰和道德行为规范的社会。在这样一个基于民主法治、公平正义、诚实信用而构建起来的社会，共同的价值观具有重要的作用，它将成为社会主义和谐社会得以不断发展的道德基础。价值观建设在大学思想政治教育中历来占有重要位置。以树立爱国观念、人民观念、社会主义观念、集体观念为核心，以强调爱国主义、集体主义和为人民服务为重点，以提倡为国家的建设、为民族的复兴、为中国特色社会主义事业奋斗和献身为目标的价值观教育，在培养合格的社会主义建设人才方面发挥了重要作用。在构建和谐社会的今天，高校应当加倍重视大学生的价值观建设，营造有利的环境，以具有凝聚力的社会主义文化中的核心价值来引导大学生的发展，帮助他们塑造蕴含社会共同价值观的品质，在培养大学生劳动能力的同时注重其社会能力的提高，促进大学生的全面发展。

和谐社会理念强调价值观建设与创新精神培养的统一。和谐社会是全体人民各尽其能、各得其所而又和谐相处的社会。这是一个既充满活力、又富有秩序的社会。在和谐社会这一理念下，我们所要达到的，是社会发展与社会稳定的统一；我们要探索的，是一种动力与平衡相协调的机制。构建和谐社会要求高校在大学思想政治教育中，既要重视学生价值观建设和道德规范的树立，又要强调学生创新精神的培养。一方面，大学生应该是合格的社会主义建设者，他们有足够的专业知识和技能，有正确的社会主义劳动观，有强烈的创新求变的精神；另一方面，大学生又是合格的公民，他们有正确的社会公平观，具有强烈的社会责任意识，为国家建设服务、为人民服务是他们坚定的选择。只有这样，他们才能在自己的职业生涯中摆正国家、集体和个人利益的关系，真正成为国家的栋梁。也只有这样，和谐社会的构建和发展才能有源源不断的人才支持。

第七节 大学生思想政治教育管理创新

一、教育与管理一体化是高校思想政治教育的发展趋势

教育与管理是思想政治教育中的一对重要范畴，它反映了现代思想政治教育中二者的本质联系以及各自的重要地位，从一个侧面揭示了思想政治教育的原则和规律。二者犹如车之两轮、鸟之双翼，功能互补，缺一不可。管理是思想政治教育有效进行的制度保证，管理所凭借的各种行为规范、规章制度，是社会发展进步对人们的要求的制度化和规范化，"无规矩不成方圆"。所以，思想政治教

育离不开管理。思想政治教育提高人们的认识和觉悟,为执行各项规章制度奠定了思想基础,为完成各项任务提供精神动力和方向保证。所以,管理也离不开教育。现代管理是通过对人的工作实现对事、对物、对社会的管理;在现代管理中通过对严格执行各项规章制度,训练人们遵纪守法、文明操作的良好行为习惯,这本身就是绝好的养成教育。教育与管理,二者虽然性质、功能各异,但却紧密联系、相辅相成。

二、建立统一领导、分工明确、责任到人的领导机制

具体来说,建立统一领导、分工明确、责任到人的领导机制,首先要把大学生思想政治教育摆在学校各项工作的首位。高校党委要统一领导大学生思想政治教育工作。党委要经常研究分析大学生的思想状况和思想政治工作状况。在新的社会环境和条件下,当代大学生的思想到底发生了哪些变化,高校的思想政治工作到底取得多少实际效果,这些都是必须弄清楚的问题。为了大学生的全面发展,学校要对大学生德智体美全面发展负责,把思想政治教育与教学、科研、社会服务结合起来。只有这样,学校的各项工作才能在党委领导下形成一个统一的体系。各级行政部门是学校决策的执行单位,行政领导是各部门思想政治工作的第一负责人,要把思想政治工作同行政业务工作结合起来,全面落实校党委对思想政治工作的决策,认真组织与实施管理,在领导中育人、管理中育人、服务中育人,切实担负起大学生思想政治工作的责任。

三、建立家庭、学校、社会联动的全方位工作机制

家庭是人出生后的第一所学校,是个人成长的摇篮。家庭教育担负着传授文化知识、培养道德品质、指导行为规范、帮助营生自主等责任。思想政治教育的家庭环境,主要指家长的思想素质和行为规范对家庭成员尤其是对子女思想品德的形成、发展的影响氛围。父母的世界观、人生观以及他们待人接物的态度,往往给子女留下深刻的印象。家庭的长期影响、教育,从某种意义上说,将决定一个人的性格、品行。亲切和睦、充满爱心、奋发向上的家庭环境有利于青少年健康人格的培养;反之,则会给青少年成长造成障碍。大量数据表明,青少年犯罪,最初往往源于有严重缺陷的家庭环境。大学生是一个特殊的群体,对他们的家庭教育有其自身的独特性。从上大学的那天起,很多学生离开父母,寄宿在学校,有的甚至离家很远,不再像中小学阶段那样与父母长期共同生活,衣食住行都依赖父母照料。父母不能随时了解子女的生活学习情况,甚至不知道子女真实的思想和心理状况,这种距离感给家庭教育带来了难度。另外,大学生已经没有升学考试的压力和负担,思想上、心理上更加独立、成熟,他们能够更平等地与

父母进行交流，也更能体会父母无微不至的关怀和爱护，产生对父母的认同和感激，这又增加了父母对子女教育的号召力和感染力。而且，大学生在成长期，经济上大部分还是要依靠父母，这种依赖关系又决定了父母对大学生子女的权威性。大学生思想政治教育要正确分析和认识大学生家庭教育的特殊性，最大限度地发挥其积极因素的作用，减少和避免其消极因素的影响，加强父母与子女的沟通和交流，以父母的人格魅力，加上健康向上的家庭环境，引导和教育大学生形成完整健全的人格。

四、加强大学生思想政治教育队伍管理，培养高素质管理人才

思想政治工作队伍建设是党的思想政治工作建设的关键，也是做好党的思想政治工作的根本条件。

大学生思想政治教育工作队伍的主体是学校党政干部和共青团干部，思想政治理论课和哲学社会科学课教师、辅导员和班主任。高校要采取切实措施，培养一批坚持以马克思主义为指导、理论功底扎实、勇于开拓创新、善于联系实际、老中青相结合的哲学社会科学学科带头人和教学骨干队伍，使他们在大学生思想政治教育中发挥更大的作用。高校的思想政治教育工作者是学生增长知识和思想进步的导师，肩负着教书育人、培养一代社会主义新人的重任。高校思想政治教育工作者应以高度负责的态度，在对学生进行专业知识教育的同时，把思想政治教育融入大学生专业学习的各个方面。要做好学生健康成长的指导者和引路人，为学生树立学习的榜样：要在思想政治上、道德品质上、学识学风上全面以身作则，自觉率先示范；要为人师表，成为热爱祖国、热爱人民、热爱社会主义的模范，努力成为学生的良师益友。

五、建立切实有效的大学生思想政治教育评估机制

思想政治教育评估是根据一定的客观尺度，对思想政治教育实施的过程及结果进行定性、定量综合评判的一种过程。科学的评估是思想政治教育正确决策的基础，是思想政治教育实施有效管理的关键，也是思想政治教育全面总结的依据，它既是一次思想政治教育活动的终端，又是另一次思想政治教育活动的起点。科学的评估能通过对思想政治教育活动的全面检测、分析和评定，客观地了解各方面的情况，从而评定、判断思想政治教育水平的高低、质量的好坏和效果的大小，并以此引起相关人员的思想震动或情感体验，产生激励与抑制、鼓励与监督的作用，反思、检讨、调整和改进工作，促进思想政治教育的发展。思想政治教育的评估是一种全程评估、全域评估，包括对受教育者的评估，对教育者和思想政治教育相关工作人员的评估，对教育过程的评估和教育效果的评估。

在当下高速发展的时代，大学生思想政治教育任重而道远。这不仅需要高校的广大教职员工去努力参与和实施，而且需要全社会的关心、支持和参与，共同开创大学生思想政治教育新局面。高校既要求真务实又要开拓创新，围绕"培养什么人""如何培养人"这一重大课题，充分发挥各方面的育人合力，继承优良传统，创新和发展既有理论，努力拓展新形势下大学生思想政治教育的实践途径，使思想政治工作有声有色，为培养中国特色社会主义事业的建设者和接班人服务。

第五章 大学生思想政治工作创新的思路与对策

第一节 高校思想政治工作创新的基本原则及创新性

一、高校思想政治工作创新的基本原则

高校思想政治工作的基本原则必须是在高校思想政治工作进行客观全面分析的基础上总结概括而来的。针对高校思想政治工作对象的特点，要求高校思想政治工作过程中必须充分重视大学生的主体性，树立以学生为本的教育思想和为学生服务的教育理念，同时要求教育者能够摆脱自身认知上的错误倾向，从教育者与被教育者互为主体性的特征出发构建良好的教育方式。针对思想政治教育的综合性，要求必须建立互相渗透的学科体系。针对思想观念形成的长期性和复杂性，要求高校思想政治工作创新必须构建全方位的教育有机整体。

（一）激发大学生内在接受思想政治理论课

习近平总书记强调："思想政治理论课能否在立德树人中发挥应有作用，关键看重视不重视、适应不适应、做得好不好。思政课的本质是讲道理，要注重方式方法，把道理讲深、讲透、讲活，老师要用心教，学生要用心悟，达到沟通心灵、启智润心、激扬斗志。青少年思想政治教育是一个接续的过程，要针对青少年成长的不同阶段，有针对性地开展思想政治教育。"[1]高校要联系改革开放和社会主义现代化建设的实际，联系大学生的思想实际，把传授知识与思想教育结合起来，把系统教学与专题教育结合起来，把理论武装与实践育人结合起来，切实改革教学内容，改进教学方法，改善教学手段。高校要加强对思想政治理论课的宏观指导，采取有力措施，力争在几年内使思想政治理论课教育教学情

---

[1] 吴晶，胡浩. 习近平：把思想政治工作贯穿教育教学全过程［J/OL］. 北京. 新华社，2016，[2023-03-28]. http://www.xinhuanet.com/politics/2016-12/08/c_1120082577.htm.

况有明显改善，通过一系列的教学方式和内容的改革激发大学生主动接受思想政治教育。

（二）树立以学生为本的教育思想和为学生服务的管理理念

高校要树立以学生为本的教育思想和教育者的服务理念。高等学校各门课程都具有育人功能，所有教师都负有育人责任。广大教师要以高度负责的态度，率先垂范、言传身教，以良好的思想、道德、品质和人格给大学生潜移默化的影响。高校要把思想政治教育融入大学生专业学习的各个环节，渗透到教学、科研和社会服务各个方面。要深入发掘各类课程的思想政治教育资源，在传授专业知识过程中加强思想政治教育，使学生在学习科学文化知识过程中，自觉加强思想道德修养，提高政治觉悟。要坚持学术研究无禁区、课堂讲授有纪律，严格教育教学纪律，切实加强教学管理，不得散布违背《中华人民共和国宪法》和党的路线方针政策的错误观点和言论。

（三）强化主流意识的引导作用

目前对大学生影响较大的社会思潮有新自由主义思潮、历史虚无主义思潮、民族分裂主义思潮、利己主义思潮、全球化思潮、消费主义思潮等。这些社会思潮的广泛传播对一部分大学生产生了较大影响，并为他们所接受。其原因是这些社会思潮往往具有三个特性：一是把现实利益作为大学生关注的切入点，如新自由主义的宪政制度和法治原则、程序正义所主张的公平竞争和一切职位向一切人开放的要求以及对个人权利和自由的尊崇与保护原则，无疑会对青年学生产生巨大的吸引力。二是注重对大学生的思想影响。三是立体化传播，使大学生极易接受。一个理论、一种思潮被社会接受和放大，往往取决于社会现实，如新自由主义程序正义所主张的公平竞争和一切职位向一切人开放的要求以及对个人权利和自由的尊崇与保护原则，之所以会对青年学生产生巨大的吸引力，与他们对腐败的痛恨、对经济、社会、教育等领域公平的追求是分不开的。

二、思想政治教育工作的创新性

知识经济的灵魂就是创新。创新是思想政治工作面临新形势、新问题和新挑战的必然选择。经济和社会发展给思想政治工作提供了许多新机遇、新条件，同时也提出了许多新要求、新问题，表现为高校思想政治工作的对象更加个性化，思想政治工作的内容更加丰富，渠道和方式更加多样化。思想政治教育方法要适应变化的新形势，就必须创新，唯有创新才有出路。思想政治教育方法的创新要体现以下几个方面的特征。

（一）超前性

就是"预防"教育，把工作做到前头，未雨绸缪。传统的思想政治教育也注重运用预防教育法，但是，由于实施不力，思想政治教育仍较多地处于被动应付、消极防范的滞后状态，缺乏面向未来的高瞻远瞩，跟不上时代的发展及满足不了大学生思想政治教育的需求。思想政治教育的超前性有两层含义：一是立足当前，在现实的思想政治教育工作实践中，变滞后式为超前式，不仅能在问题出现之后有条不紊地处理它、解决它，而且要善于根据大学生的年龄、性别、心理、生理、情绪以及客观外界的某些因素等，超前地预测和分析大学生思想动态和某种状态下可能出现的问题，及时做好思想政治教育工作，防患于未然；二是面向未来，通过思想政治教育，积极引导大学生面向知识经济时代对人才素质的全面要求，立足现实，放眼未来，刻苦学习，锻炼成才。

（二）新颖性

科学技术的迅猛发展，不仅影响和改变经济结构和综合国力，而且影响和改变人类社会的生活，思想政治教育的内容、对象、范围、环境都将因高科技的发展和运用而发生重大变化。教育内容将注入知识经济的鲜活思想、知识和事实材料，教育对象的知识起点将更高，思想更复杂，教育环境也将出现越来越高的人工世界，面对这些新特点和新气象，思想政治教育必须根据变化的新情况，采取新颖多样的方法以提高教育效果。例如，将高科技引入思想政治教育领域，使思想政治教育与技术软科学、信息科学、行为科学等新兴学科相融合，运用这些新兴学科来完成思想政治教育内容。同时，将定性的方式方法和定量的科学方法有机结合起来，达到教育的目的。

（三）现代性

现代化的信息社会给思想政治教育提出了诸多新课题。思想政治教育要跟上时代发展步伐，适应现代青年学生的欣赏和接受心理，就必须加快现代信息传授方式的利用。现代传媒具有大信息量、快节奏、高效率的特点。国内外大事、党和政府的方针政策、各级组织的指示要求、思想道德教育的内容、生活中的先进典型和反面事例等，通过音像制品、电视网络、多媒体结构等手段，在很短的时间内就能覆盖全国，渗透校园每个角落。这是传统的教育手段无法比拟的。现代传媒手段特别是电子计算机在思想政治教育领域的开发运用，能使思想政治教育收到事半功倍的效果。

第二节　大学生思想政治教育理论创新

"少年强则中国强。"大学生作为新时代的接班人，做好当代大学生思想政治教育工作至关重要。当代大学生作为国家建设的有力后备军，无论是在知识技能储备方面，还是在政治思想教育方面都具有优越性和针对性。怎样做好大学生思想政治教育理论创新是现阶段高校政治工作建设的关键所在，加强高校政治建设首在理论创新，全面贯彻高校思想政治建设理念，做好理论创新，实现高校思想教育的突破。

一、当代大学生思想政治教育的内在要求

（一）坚持"以人为本"的核心理念

习近平总书记指出，思想政治教育工作从根本上说是做人的工作，必须围绕学生、关照学生、服务学生、培养德才兼备、全面发展的人才。[1]思想政治教育的根本目的就是帮助人类树立正确的价值观和人生观。对于当代大学生而言，加强思想政治教育有利于其树立正确的价值观和人生观。思想政治教育的工作以及理论创新是建立在整个人类发展上的，对于个人如何实现自身价值有积极的导向作用，并且在大学生思想政治教育工作中发挥特定的导向作用。作为生存的生物性基本需求的"自然性"、实现人的社会本质的基本需求的"社会性"和精神归宿与精神提升需求的"精神性"，分别构成了思想政治教育的"人性前提""最根本的人性基础"以及"最具发展性的人性基础"，这些充分体现了思想政治教育与高校思想教育的内在切合。

坚持"以人为本"的核心理念不仅构成了当代大学生思想政治教育的内容，也丰富了大学生思想教育理念创新的途径和视野。就当下高校应培育怎样的大学生以及如何培育和大学生的思想政治教育息息相关，坚持"以人为本"的大学生思想政治教育，除了坚持全面发展的价值观外，还要勇于创新思想政治教育理念，基于这些才能促进当下大学生全面发展，推动大学思想政治教育发展，创新大学思想政治教育理念，进而推动大学思想教育发展。

---

[1] 习近平.《习近平：把思想政治工作贯穿教育教学全过程》.新华社，2016-12-08[EB/OL].
http://www.xinhuanet.com//politics/2016-12/08/c_1120082577.htm?_k=3zo6bj.

（二）坚持"中国梦"的发展理念

习近平同志在谈到中国梦时明确指出："中国梦归根到底是人民的梦，必须紧紧依靠人民来实现，必须不断为人民造福。""实现中华民族伟大复兴的中国梦，就是要实现国家富强、民族振兴、人民幸福。"❶ 中国梦作为全国人民的总愿望，其具有强大的号召力和凝聚力，激励着中华各族儿女砥砺前行，是中国实力以及文化魅力的所在。中国梦是中国特色社会主义先进文化的重要组成部分，是我国文化软实力的重要组成部分。作为当代大学生，"中国梦"有利于其凝聚自身力量，激发自身潜能，进而促进全面发展。将"中国梦"思想融入当下大学生思想政治教育，不仅有利于大学生树立正确的价值观、人生观和政治观，也有利于培养大学生形成正确的爱国主义情怀。将"中国梦"全面融入高校思想政治建设中这一举措是大学生思想政治理论课的一大创新，"中国梦"与高校思想政治建设的巧妙结合让大学生接触到更多符合国家发展需求以及自身建设需求的优秀理论，进而推动我国高校思想政治建设乃至国家的前进发展。

二、全面建设创新性大学生思想政治教育理念

在高校思想政治建设中，传统的大学生思想政治教育通常强调教育要为社会服务，为党和国家培养需要型人才，过于强调培养的意图而忽视了培养的真正目的所在，即满足人民的需要、满足党和国家的需要，切实符合当下社会所需。这种过于片面化、政治化、机械化的思想教育理念会使学生产生厌烦心理，乃至排斥或冷漠的态度，此现象引发了传统思想教学理念与实际操作中的矛盾，故而对于高校思想政治建设的本质所在须重新审视。当下时代环境形势复杂多变，面对如此形势，片面的思想政治教育已不适合当今政治发展需求，因此，创新大学生思想政治教育理论与实践的理念模式，是大学生思想政治教育理念创新的基本前提和根本旨趣。

（一）主体正确价值观的树立与培养

培养大学生的自主性，要将传统思想政治教育中的"爱听话""善于听话"这一具有明显误导性、强制性、偏见性的思想割除，在这种思想领导下会让学生在以后的工作中或多或少带有僵化、被动、生硬的特点，不利于个人才能以及主观能动性的创建和发展。所以，高校思想政治建设首先要培养大学生正确的价值观，培养其独立思考、自主学习的创新精神。立足于当下时代的大学生思想政治教育，要坚持以主体为中心，全面考虑主体的真正所需，尊重主体的精神需求、独立人格，将社会需求和大学生的发展切实有效地联系在一起，科学引导学生选

---

❶ 纪淑云，韩振峰.中国梦的根本价值目标[N].光明日报，2013-12-31.

择适合自己的发展途径。

（二）丰富高校思想政治建设方式

大学生思想政治建设既要立足于内容创新，也要紧跟时代发展立足于形式创新，做到理论和实践相结合，全面促进大学生思想政治教育创新的发展。

1. 积极参与社会实践活动

社会实践和理论教育相辅相成，社会实践以实际行动将理论知识转化为活动，在活动中又将理论加以运用深化，两者之间相互联系。丰富社会实践活动，积极鼓励大学生参加，不仅创新了大学生思想政治教育的途径，也丰富了思想政治教育的内容。例如，高校社团建设，高校社团由学生自行组建运行，学生作为社团日常活动的组织者和开展者，拥有众多理论知识以及社会经验，特别是有关高校党政社团建设，学生领导能力以及组织能力的优劣会直接影响社团的发展。因此，高校要多鼓励学生参加相关社团活动，并给予一定的引导，让学生在切身的实际活动中学习相关思想政治教育理念。

2. 加强高校思想政治教师队伍建设

现今多数高校存在思想政治教育工作者过于重视向学生讲解理论知识，过于强调思想政治理论的学习，未能有效地和社会实践以及学生切身需求相关联，使学生处于一种被动的学习状态，严重削弱了学生的学习积极性。因此，高校要加强教师队伍建设，加大教师培训力度，如授课方式、授课内容、教案编写等，从根本上创新大学生思想政治教育理念。

3. 灵活运用先进媒体平台

新媒体时代，新型媒体日益强大且效果明显，具有互动性强、时效快等优势，是促进大学生思想政治教育的新平台。一方面，大学思想政治教育充分利用新型媒体资源，是对传统教育方式的改进，尤其是一改只在课堂授课的传统方式，将大学思想政治教育的场所和方式加以解放，从课堂下放至课间乃至随时随地，突破了原有教育的场地和时间限制；另一方面，多元化媒体具有消息接收快、传播广等特点，符合大学生的"网络时代"需求，因此，能更好地向大学生进行思想教育、政策宣传。将新媒体融入大学思想政治教育中，不仅改变了传统的教育模式，也丰富了高校思想政治教育平台，符合当前高校思想政治建设需求。

大学生思想政治教育事关国家建设，加强高校思想政治教育不仅有利于大学生自身思想政治建设，也符合我国经济文化发展需求，这对促进我国繁荣发展至关重要。

第三节　协同理论视角下的大学生思想政治教育创新

加强大学生思想政治教育工作是高校的首要目标。大学生思想政治教育工作是一项复杂的系统工程,既涉及大学生思想政治工作内部各要素的关系,又涉及思想政治教育与高等教育其他子系统的关系,只有协调好这些关系才能增强大学生思想政治工作的实效性。因此,尝试从协同理论的视角进行分析,为增强大学生思想政治教育工作实效性提供了新思路。

一、协同理论视域与大学生思想政治教育的联系

（一）目标一致性

在当下大学生思想政治教育过程中,要想提高教育教学的有效性和实效性,需要依托其他教学方式,以此形成具有协调性、广泛性与规律性的教学体系。而思想政治教育的教育目标与协同理论目标呈现出一致性。所以,将协同理论渗透于大学生思想政治教育中,可以有效提高大学生的思想道德素质,自身形成有效的组织意识,促使思政教育达到事半功倍的效果。

（二）系统开放性

协同理论主要包括教育方式、教育内容以及组织形式等诸多子系统,而每个子系统下还包含更小的子系统,虽然它们是一个个独立的个体,但是彼此之间却存在相互协调发展的关系。大学思政教育本身就具有较强的开放性,因为大学思政教育不仅注重对我国政治政策信息的获取,还汲取国外的先进教育经验和手段,由此可以看出,二者之间存在开放性联系。

（三）合作多元性

协同理论的研究,是以不同事物为基础,研究事物自身的协同机制与特征的一种学科理论。协同理论最初体现在自然界的规律中,当下协同理论已经被人们逐渐运用于各类学科中,进而为人们的研究和探索提供多元化的思想和方式。所以,将协同理论融入思政教育中,体现了二者之间的合作多元性。

二、将协同理论引入大学生思想政治教育工作的可能性分析

（一）大学生思想政治教育工作是一个开放的、复杂的系统

协同论的自组织原理指出：任何系统，如果缺乏与外界环境进行物质、能量、信息的交流，就会处于孤立状态。这种孤立状态破坏系统内部的有序结构，致使整个系统失去生机。大学生思想政治教育面临的内部、外部环境复杂多变，这就要求思想政治教育工作者及时应对环境的变化，从中获取各种对大学生进行思想政治教育的相关信息，加以整理，及时将其灌输给大学生，以保障思想政治教育系统的有序发展。大学生思想政治教育工作系统由教育者、受教育者、组织、环境等要素组成。各要素之间的相互影响、相互作用的关系均处在不断变化中，因此思想政治教育工作是一个复杂的系统。

（二）协同论具有普遍的适用性

协同论又称"协同学"或"协和学"，是德国著名物理学家哈肯在20世纪70年代提出的。协同论是研究不同事物共同特征及其协同机理的新兴学科，是系统科学的重要分支理论。从协同论的原理看，协同论所揭示的一般原理和规律，为人们研究自然现象、生命起源、生物进化以及社会发展等复杂事物的演化发展规律提供了新的原则和方法。从协同论的应用范围来看，目前协同论已在自然科学领域和人文社会科学领域取得了重要研究成果，其广泛的适用性显而易见。鉴于此，将协同论引入大学生思想政治教育工作研究不失为一个新的理论视角，这对于大学生思想政治教育理论的发展以及现实问题的解决将起到积极的促进作用。

三、大学生思想政治教育工作引入协同论的现实性

（一）协同是大学生思想政治教育工作发展的客观要求

协同论指出，系统能否发挥协同效应取决于系统内部各子系统的协同作用。如果各子系统能协同合作，系统的整体功能就能得到最大限度的发挥。如果大学生思想政治教育工作系统内部的教育者、受教育者、组织、环境等各子系统能够协调、子系统之间能够相互协同，就能产生整体功能大于部分功能之和的协同效应。相反，如果大学生思想政治教育工作系统内部各子系统相互冲突，就不能充分发挥各子系统应有的功能，导致整个系统处于无序状态。在当前新的历史时期，协同创新已成为国家提高科技竞争力和综合经济实力的重要途径。随着知识经济时代信息技术的飞速发展，人才需求的新变化，大学生思想政治教育应适应新形势、新任务的要求，为创新型国家建设培养高素质人才。在这样的背景下，

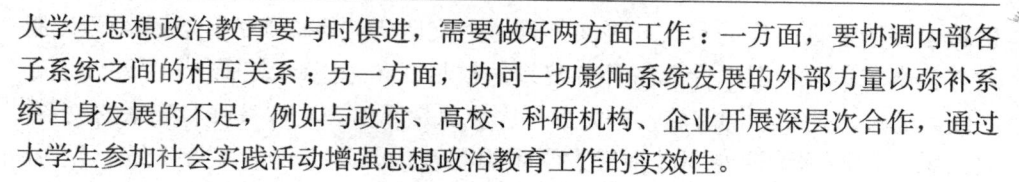

大学生思想政治教育要与时俱进，需要做好两方面工作：一方面，要协调内部各子系统之间的相互关系；另一方面，协同一切影响系统发展的外部力量以弥补系统自身发展的不足，例如与政府、高校、科研机构、企业开展深层次合作，通过大学生参加社会实践活动增强思想政治教育工作的实效性。

（二）自组织是大学生思想政治教育自我完善的基本途径

所谓自组织，是指系统内部各子系统即使没有外部指令也能按照某种规则自动形成一定的结构或功能。协同论的自组织原理指出，协同是自组织实现有序发展的手段。同样，自组织也是大学生思想政治教育工作有序发展的基本途径。而大学生思想政治教育工作要实现自组织过程，必须具备自组织实现的两个基本条件。其一，系统必须是开放的系统。一个系统只有与外界进行物质、能量、信息的交流，才能存在和发展。大学生思想政治教育工作系统是一个开放的系统，在教育者和受教育者的共同努力下能与复杂多变的外部环境进行信息交流，保持自身的有序发展。其二，系统内部各子系统必须协调合作。只有系统内部各子系统减少内耗，才能充分发挥各自的功能。大学生思想政治教育工作各子系统内部以及它们之间要能相互协调配合，实现各自功能的最大发挥，产生协同效应，从而保持大学生思想政治工作系统的有序发展。

四、协同理论视角下的大学生思想政治教育工作对策

（一）建立大学生思想政治教育工作系统内部协同关系

一是思想政治理论课理论教学与实践教学的协同。高校思想政治理论课，承担着对大学生进行马克思主义理论教育的任务，是对大学生进行思想政治教育的主渠道、主阵地。然而，思想政治理论课现存的一些问题影响了其育人功能的发挥。例如，教师对教材的挖掘不够深入、学生对教材的使用率不高等因素使得思想政治理论在课堂上很难进学生头脑；加上思想政治理论课实践教学形式单一、陈旧等因素，严重影响了思想政治理论课实践育人功能的发挥。如果能通过多种形式实现思想政治理论课理论教学与实践教学的协同，在兼顾学生专业实际的同时，贴近学生思想实际、联系社会发展实际、结合单位用人实际，势必能激发学生接受思想政治教育的自觉性和主动性，增强思想政治理论课教学的实效性，完成立德树人教育的根本任务。

二是思想政治理论课教学队伍与思想政治工作管理队伍的协同。思想政治理论课教学队伍与思想政治工作管理队伍作为高校思想政治教育的两支主要力量，工作内容虽有所不同，但最终目的是相同的，即帮助大学生形成科学且坚定的政治立场，引导大学生树立正确的世界观、人生观和价值观。因此，大学生思想政治教育工作的有效开展离不开这两支队伍的协调配合。各高校可以制定符合本校实际情况的专职教师分院系任教制度和思想政治理论学习课外指导制度。通过这些制度的实施，一方面，固化思想政治理论课教师与院系的关系，增强思想政治理论课专职教师对大学生思想政治管理工作的支持；另一方面，强化思想政治工作管理队伍对思想政治理论课教学的支持与配合。通过大学生思想政治教育工作内部各子系统的协调，充分发挥各子系统的优势，有利于形成思想政治理论课教学队伍与大学生思想政治工作管理队伍的深度融合、协同联动的工作格局。

（二）建立与校内和校外系统的协同关系

协同论认为，在整个环境中，千差万别的系统间相互影响、相互合作。大学生思想政治教育工作机构虽然是整个思想政治教育工作运行的核心，但只有实现各种思想政治教育资源在高校内部互通有无、互相渗透，才能发挥其最大功能。

一是建立校内协同关系。一方面，高校要建立与大学生思想政治教育工作相关部门之间的协同关系。大学生思想政治教育工作部门主要涉及思想政治理论课教学部、学生处、团委、心理咨询中心、就业指导中心等部门，各部门拥有的物质资源、实践资源和网络资源具有共同的德育目标，相似的德育内容，且各有所长，可以通过相互渗透，实现优势互补，提高资源使用率。另一方面，高校要建立与大学生思想政治教育相关学科之间的协同关系。从各高校实际出发，坚持"高素质为本，高能力为重，高就业为导向"的办学理念，建立就业教育、职业道德教育、心理教育与思想政治教育的协同关系。通过不同学科之间的相互沟通和渗透，加深对学生的了解和认识，提高大学生思想政治教育工作的针对性和实效性。

二是建立校外协同关系。同政府、科研机构、企业开展深度合作，积极推动协同创新，促进资源共享，是新时期高等教育发展新的突破点，也为加强大学生思想政治教育工作指明了方向。建立这种协同关系，既有利于促进地方经济的快速发展，又有利于高校培养适合社会发展的实用人才，提高大学生的综合素质，促进大学生就业。各高校可围绕地方区域经济发展，与政府之间开展深度合作，建立协同创新战略联盟。一方面，根据自身的办学条件和特色，科学处理基础研究与应用开发之间的关系，与政府机构合力打造产学研用平台，坚持以行业、企业需求带动科研，以科研促进教学的产学研发展思路，利用学校的人力、物力资源开展应用性研究，进行产品研发，培养地方区域经济发展所需的高技能应用型人才。另一方面，各级政府部门通过加强应用型人才、技能人才的统计与需求预测，定期发布人才需求预测报告，为高校人才培养提供信息保障和咨询服务。与

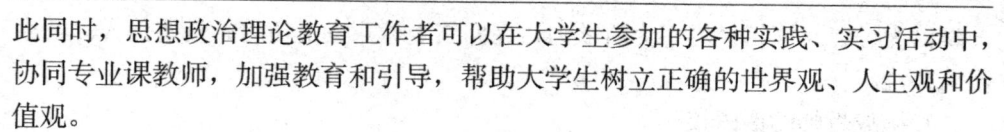

此同时，思想政治理论教育工作者可以在大学生参加的各种实践、实习活动中，协同专业课教师，加强教育和引导，帮助大学生树立正确的世界观、人生观和价值观。

第四节 "互联网+"时代背景下高校思想政治教育的创新路径

当前，互联网在大学生的学习与生活中得到了广泛应用，从课堂学习到课后学习，从单向学习到互动式学习，大学生越来越离不开互联网。"互联网+"技术的产生与发展推动了各个行业的进步，高校思政教育在"互联网+"技术的影响下发展迅速。但从实际情况来看，当前大学生思政教育仍采用传统教学模式，多数学生难以将理论知识应用于实践，教育质量亟待提高。在"互联网+"时代下，高校思想政治教育不能一成不变，思想政治教育工作者应该积极面对时代发展带来的挑战，积极创新教育工作，这是高校思想政治教育工作者必须面对与思考的问题。

一、"互联网+"时代对高校思想政治教育的影响

（一）"互联网+"时代对高校思想政治教育的挑战

1. "互联网+"时代加剧了高校思想政治教育者与被教育者的语言鸿沟

自互联网普及以来，思想政治教育内容在实践中不断增加。在互联网时代下，网络话语权、网络语言暴力等成为高校思政教育新的研究热点。网络语言对人们的影响无疑是巨大的，也是社会学者一直在探索的问题。当代大学生也深受网络语言的影响，这导致大学生与思政教师之间的语言鸿沟，加剧了教育者与被教育者之间的语言冲突，从而进一步增加了高校思想政治教育的难度。

2. 对大学生的价值观造成了冲击

互联网技术的快速发展提供了广阔的虚拟网络空间，学生在这些虚拟网络空间中可以获得各种信息，但由于网络平台没有对大量的信息进行筛选，学生自身辨别能力与判断能力仍有待提高，网络不良信息冲击了大学生的价值观，学生看待世界的眼光发生了偏差。大学生价值观多元化给高校思政教育工作带来了新的挑战，高校思政教育工作者往往心有余而力不足。

3. 大学生网络道德行为失范严重

我国关于互联网管理的法律制度尚不完善，对互联网参与主体的网络行为约束力不足，致使网民的网络行为具有较大的随意性。部分大学生长期接触网络后

会误以为可以在网络世界中为所欲为，在网络上肆意发泄情绪、谩骂他人，发表不当言论。

4. 挑战教师的话语权

在"互联网+"时代下，大学生获得知识的渠道多样，在消除学生与教师"信息不对称"现象的同时，也使学生对教师的认可标准提高。在网络语言的影响下，学生们更偏爱语言幽默、思想开放的思政教师。同时，互联网的发展也影响了教师在学生心中的权威地位，部分学生会通过网络了解教师讲授的知识，甚至教师授课时，学生上网查找教师讲授的内容与网络回答的差异，传统的教师地位受到了严重冲击。

（二）"互联网+"时代高校思想政治教育的机遇

1. "互联网+"时代拓宽了高校思想政治教育的范围

传统教学模式下，高校思政教育工作往往局限于课堂，而枯燥的课堂教学难以吸引学生，教育教学效果不佳。在"互联网+"时代下，教师可以依托校园网等其他网络学习平台开设网络课程，可以在线上与学生交流、互动，甚至实现一对一学习与指导，可以利用互联网实时热点问题与学生进行探讨和交流，夯实基础知识，引导学生将理论应用于实践。这一方式不仅使思政教育的范围拓宽至课外，而且延伸至校外，有利于学生进一步了解社会，更好地正视人际交往问题，可以使高校思想政治教育更为贴近学生的生活。

2. 优化了高校思想政治教育的手段

在"互联网+"时代下，教师可以采取微课、慕课等方式实现"线上+线下"的教学模式，教师制作微课课件的过程，也是自我学习、自我提升的过程，可以在教学中融入更多内容，不断优化知识结构，增强学生的学习效果，提高大学生学习思政的主动性。与此同时，学生通过微课、慕课能够进一步提高自主学习能力，端正思想观念，进入"自省"与"内省"的循环中。

3. 丰富了高校思想政治教育的内容

在互联网思维的影响下，绝大多数大学生有强烈的求知欲，他们期盼能够接触更多思政教育资料。思政教育课本为大学生提供的学习资料有限，学生的求知欲难以被满足。在"互联网+"时代下，受教育者可以通过互联网接触到更多的思政教育资料；教育者可以利用互联网资料补充课本内容，拓宽学生的视野。

4. 提高了思想政治教育的实效性

"互联网+"信息技术改变了大学生的生活与学习方式，改变了信息传播的模式，为当代大学生营造了活跃、开放的环境，大大调动了学生的积极性与主观能动性。同时，思政教师通过互联网平台可以更好地掌握大学生的身心状况，更有针对性地调整教学计划与内容，进一步提高大学生思想政治教育的实效性。

二、"互联网+"时代背景下高校思想政治教育的创新路径

（一）改变原有的思政教育理念

在"互联网+"时代下，高校思想政治教师要改变过去"一刀切"的教学理念，要以个性化学习理念指导教学工作。现阶段，信息大爆炸为大学生思想政治教育带来了海量的学习资源，这些资源的内容、表现形式存在显著差异，可以满足不同层次、不同理解能力学生的学习需求，学生可以根据自己的喜好选择学习内容。思政教育工作者应该认识到"互联网+"时代带来的变化，要围绕学生的实际需求整合教育资源，课堂上不要一味地灌输，要针对不同基础、不同学习能力的学生制定不同的学习方案，努力做到因材施教。

高校思政教师还应该树立主体性理念。受"互联网+"技术发展的影响，教师传统的权威地位与话语权受到了挑战，而素质教育更强调了学生的主体地位，这对学生与教师的地位产生了极大影响。在"互联网+"时代，大学生往往更为主动，掌握着更多信息与网络话语权，而教师往往是被动方，甚至部分教师难以跟上"互联网+"时代潮流。面对这一情况，高校思政教师应该树立主体性理念，要认识到当代大学生在网络新环境下并非无条件地接受课本知识与课堂教学内容，在学习过程中也逐渐成为思想政治教育资源与信息的发布者，由过去的单向学习转变为双向学习。因此，高校思政教师在教学过程中要及时转换教学地位，要比学生更为主动了解与学习新的知识，要积极走在时代潮流的前沿，更好地指导思政教学。

思政教育工作者还需要牢牢树立"以人为本"的教育理念。思政教育工作的基础是人，新社会的未来发展方向也是以个人发展为导向。在大学生思想政治工作中，思政教育工作者必须秉持"一切为了学生，为了学生的一切"的理念，在教导大学生的同时，要充分尊重每名大学生的个性。在高校思想政治教育理念的创新过程中，必须始终坚持"以人为本"的教育理念，即使大学生与思政教育工作者的教育地位发生了巨大变化，教育工作者也要正确看待这一变化过程，要及时转变角色意识，要由过去的绝对权威、控制者转变为促进者，教育教学要以学生为中心，要尊重、理解、关心学生，而不是批评、轻视学生。

（二）创新高校思想政治教育模式

传统课堂教育模式不仅难以调动学生的学习兴趣，而且会降低学生对思政学习的热情，长此以往容易使学生滋生厌学情绪。国内高校可以借助已有的线上平台结合本校实际需求开设小规模线上课程教学。在"互联网+"时代下，国内院校与思政教育工作者应该积极探索大学生思想政治课程线上教育模式，更好地满

足新时代思政教育课程的需要。国内高校可以利用已有的校园网架设线上学习模块，联合学校的网络技术人员完善系统，采用交互式网络学习模式，让大学生参与到思政学习中，在特定的网络框架中进行双向交流互动，改变过去"填鸭式"的教学模式，师生可以在网络平台上深度交流。思政教育工作者可以利用线上学习模块与学生共同讨论生活中的时事热点，增强大学生思想政治教育中的"人情味"。值得注意的是，高校在加强思政线上课程建设过程中，不应该过分依赖"互联网+"信息技术，要以引导学生交流、丰富交互体验为导向。除此之外，在"互联网+"时代下，面对多元价值观的冲击，高校思政教育工作者应该坚守主流文化，利用互联网平台加强主流文化引导，优化思政教育模式，整合内容，提高大学生思想政治教育的实效性。

（三）创新高校思想政治教育方法

互联网的发展使教育教学方法更为多样，进一步改善了学科教学效果，高校思政教育工作者应该紧紧跟上时代潮流，通过学生喜闻乐见的方式开展思想政治教育。在思想政治课堂教学中应用互联网，在课前根据教学内容查找互联网资料与素材，结合他人的资料，立足实际教学情况制作课件，设计教学活动，改变过去思政课堂沉默现象。教育工作者还可以利用互联网创设教学情境，为学生营造轻松、融洽的教学氛围，使学生置身于契合自身心理特点的情境中学习理论知识，可以明显改善思想政治课堂教学效果。

高校思政教育工作者还应该认识到"互联网+"信息技术在课外教育中的优势，探索适合大学生身心发展特点的课外教学方法。现阶段，大学生的日常生活越来越离不开网络社交软件，所以，思政教育工作者要充分利用网络传播工具，在班级群中上传课程资料，学生可以在线下下载学习资料，实现线下学习。除此之外，微信公众号、官方微博等可以成为大学生思政教育的主阵地，定期向学生推送消息；还可以利用校园广播、公共宣传栏等媒介播放与思政教育有关的视频，使学生在日常生活中可以随时接触到思政教育素材，大学生长期在外在环境的影响下，思想政治素养自然会得到提高。

高校思政教育工作者可以利用信息技术与学生家长合作，实现协同育人。高校思政教育工作者可以通过微信等与学生家长沟通，就学生的价值观、思想道德水平、思想政治学习情况与学生家长积极沟通，与家长合作共同引导学生树立正确的价值观。同时，高校思政教育工作者也可以通过与家长的沟通了解学生在家的行为，进而调整思政教育内容，提高学生的思想政治素养。

（四）优化高校思想政治教育环境

良好的环境是受教育者学习的外部动力，国内高校想尽一切办法优化教育环境，提高教育教学效果。首先，加强监督与管理。在"互联网+"时代下，学生接触的信息丰富多样，其中的不良信息会对学生本人甚至周围人群产生负面影响。因此，高校应该加强对网络环境的监督，以及对学生网络行为进行正确管理与引导，建立一套完整的工作机制。一旦发现网络舆情问题，立即上报学校相关部门，及时切断信息传播路径，正面应对，避免谣言等负面消息扩散。其次，高校可以尝试与外部机构合作，共同加强对互联网平台的监管，对于造谣、恶意散播谣言的人和机构共同整治与处理，加强警醒教育。

综上所述，在"互联网+"时代，高校思想政治教育面临一系列的挑战与机遇，高校思政教育工作者应该创新工作思路与教育方法，认识到"互联网+"信息技术在课外教育中的优势，优化高校思想政治教育环境，提高思政教育的实效性。

第五节 高校校园文化建设与思想政治教育互动模式建构

一、高校校园文化建设与思想政治教育互动的概念

通常来说，处于同一环境中且密切相关的两个事物，在其发展变化过程中，一般都存在互相促进和互相制约的关系，高校校园文化建设与思想政治教育二者间也是如此。

高校校园文化建设与思想政治教育的相互促进关系主要体现在：思想政治教育工作方法得当、有效性高、坚强有序，会有力引导广大师生员工在价值取向、思想观念、心理素质、行为方式等方面与主导的一元文化形成认同，有利于营造良好的高校校园文化氛围，继而促进优秀高校校园文化成果的创造与形成。同理，创造出的优秀校园文化，能够最大限度地将思想政治教育的要求和内容为广大青年学生所接受和内化，可以在和谐美好、健康向上、自尊自爱的良好校园文化氛围中使受教育者自觉接受真理的洗礼。

文化因素对于思想政治教育工作具有一定的制约和引导作用。以高校中的情况为例，高校思想政治教育工作与人类整体文化的发展密切相关，它不可能离开社会整体文化和校园文化的发展环境，游离于校园文化发展格局之外，进行封闭式的设计与规划。因此，高校思想政治教育只能以整体社会文化背景为参照，同时立足于高校校园文化实际，对传统文化和外来文化进行合理吸收、借鉴与创新，对既有的校园文化进行整合、创新，这样才能适应时代发展的要求，并使自身不断得到丰富、发展和完善。此外，高校思想政治教育工作还担负着更新青年大学生的思想观念，熔铸精神品格，优化个性心理，激发其创造性活动等重要使

命。如果高校思想政治教育不能洞悉一个时代、一个社会整体文化发展的特征和内涵，不能充分考虑校园文化发展实际，就很难真正认识到自身建设的价值和把握自身发展的方向。

参照社会学和传播学中的互动理论，本书尝试性地将校园文化建设与思想政治教育互动的概念定义为：高校校园文化建设与思想政治教育之间发生的因任务和过程所致的无意识的交互作用、耦合发展、有机统一联系或者有意识关联。通俗地讲，就是以互惠互利为宗旨，从动态的、开放的、全方位良性角度相互合作、协同发展，促使资源、知识等要素在流动和扩散的过程中不断实现优化配置与整合，形成促进、诱导、反馈激励效应，最终达到高校校园文化建设与思想政治教育工作创新、协调的"双赢"跨越式发展。

二、高校校园文化建设与思想政治教育互动模式分析

所谓模式，是科学研究中以图形或程式的方式阐释对象事物的一种方法。这种方法具有双重性质：一是模式与现实事物具有对应关系，但又不是对现实事物的单纯描述，而具有某种程度的抽象化和定理化性质；二是模式与一定的理论相对应，又不等于理论本身，而是对理论的一种解释或描述，因此，一种理论可以有多种模式与之对应。模式虽然具有不完全性，但它是人们理解事物、探讨理论的一种有效方法。

对于高校校园文化建设与思想政治教育的互动来说，其互动模式的分析远比传播学和社会学中所讨论的人类社会交往互动模式要复杂得多。在人类社会交往模式中，互动的主客体是明晰的，互动信息的流动容易找到特定的通道（口头传播、文字传播、印刷传播、电子传播以及互联网传播），而本书所讨论的问题中，校园文化建设与思想政治教育本身不是主客体关系，而是拥有共同的主客体（即大学校园里的各类"人"），互动媒介则是分析难度更大的管理、实践、传媒、课程等。因此，用类似传播学中图示的方式较准确地概括校园文化与思想政治教育的互动模式已不大可能。但为了更好地展示校园文化建设与思想政治教育互动的微观运行机制，尝试性地发现和建立二者间的互动关系模式仍是十分必要的。

三、高校校园文化建设与思想政治教育互动模式建构

如果用一个大方框代表整个高校校园，校园文化建设与思想政治教育共存于一个特定时空中。由于目标的一致性（共同的核心目标是"育人"），二者间在工作内容上存在天然的交叉融合，但在以往，这种融合被重视的程度很低，重合区域中的信息流动性交叉，各种育人资源处于分割或独立的状态，而加强校园文

化建设与思想政治教育互动则要求充分整合重合区域内的各类资源，充分利用管理、实践、传媒、课程等载体，激活重合区域的内部信息流动，最终实现校园文化建设与思想政治教育工作之间的充分互动，实现"育人"效果的最大化和成本的最小化。

但二者的互动过程并不止于此，由于重复区域的资源整合力度加大、信息流通加强，其效果还将向左右两边的圆形中继续扩散，继续激活这两个空间，亦即使校园文化建设与思想政治教育各自的实效性和活力得到加强。而这种效果扩散仍未停止，它还将继续影响整个大学校园，促进和谐校园目标的早日实现。

有互动就必须有信息反馈，高校校园文化建设与思想政治教育互动不能设计成线性的，而应该是一个信息能够自由流通的"环路"。因此，在通过交换性、合作性甚至强制性等方式推动高校校园文化建设与思想政治教育互动的同时，需要有意识地建立互动信息流通与反馈的"通道"，及时获知反馈信息并在此基础上主动调整高校校园文化建设与思想政治教育的运行状态，使其朝积极的、充满活力的方向发展。

第六章 高校校园文化概述

第一节 高校校园文化的内涵及分类

一、何谓高校校园文化

校园文化作为人类社会文化的一种,是学校教育的伴生物,有久远的历史。校园所特有的学生构成、师生关系、学习内容和学习目的以及学校生活特有的节奏、规制、环境及氛围等一系列独特的事物和现象,构成了校园文化的主要内容。

古往今来,人们对文化的界定不胜枚举。这些定义概括起来大致可分为两类:一是以小文化观为代表的狭义的文化界说,二是以大文化观为代表的广义的文化界说。相应地,对高校校园文化的概念,人们从不同的角度出发,也存在多种不同的理解。

广义的文化是指人类在社会实践中所获得的物质、精神的生产能力和创造的物质、精神财富的总和。狭义的文化是指精神生产能力和精神产品,包括一切社会意识形态:自然科学、技术科学等社会意识形态。概括地说,人类文化就是指人类在长期的社会实践中所创造的精神文明、物质文明的总和,其实质是人类社会的一种存在方式。

大学校园文化作为一种文化形态,同样包括精神和物质两个层面。它在精神层面上的文化特征,集中地体现在大学的办学理念和价值追求上。这种理念和追求,建立在对教育本质、办学规律和时代特征深刻认识的基础上,能够正确地指明大学前进的方向。它在物质层面上的文化特征,既是大学校园文化的物质基础,也是大学综合实力的重要标志。大学校园文化的这两个部分,相互联系、互为前提,共同构成了一个完整的大学文化形态,但其中大学的精神文化处于最为重要的位置,起着统领全局的作用。而且,独特的精神文化是一所大学区别于另一所大学的重要标志。从这个角度来说,高校校园文化可以定义为:以社会先进文化为主导，以师生文化活动为主体，以校园精神为底蕴，由校园中所有成员在长期的办学过程中共同创造而形成的物质文明和精神文明的总和。

从系统论的观点来看，高校校园文化是社会文化系统的一部分。它的形成和发展与整个社会文化的积淀、变迁息息相关，体现了鲜明的社会性、时代性。此外，高校校园文化作为特定群体所拥有的文化现象，不仅具有所有文化的共同属性，还具有自己独特的本质属性。作为人类文化宝库中的重要部分，高校校园文化代表了人类社会在教育人、培养人、造就人方面的物质成就和精神成就。同时，高校校园文化作为学校教育的背景条件，又是教育教学过程中重要的教育资源和构成要素。从这个角度来说，高校校园文化是全体师生员工在特定价值观念基础上进行物质与精神创造的结果及过程。因此，高校校园文化是以校园为空间，以师生员工，尤其是学生为主体，以多学科多领域的广泛交流及特有的交往——教学、科研、生产、生活等各个领域的相互作用为基本形态，以各种文化活动为主要运作方式，以积淀、凝聚、内控为优化机制的具有学校特色的一种组织文化。

高校校园文化的灵魂是价值观。高校校园的精神文化在校园文化中居于核心地位，校园师生员工的价值取向不仅影响校园文化的性质和方向，还影响校园文化的功能，包括学校职能的实现状况等。校园文化中承载价值观的活动形式和物质形态，主要是指多学科多领域的广泛交流及特有的交往——以教学、科研、生产、生活等各个领域的相互作用为基础形成的各种文化活动形式以及与之紧密相关的生活方式。

上述两种校园文化的概念，虽然角度不同，但都同时强调了高校校园文化以下特征。

（1）高校校园文化是一种亚文化。作为亚文化，校园文化必然是以社会大环境为背景，并受到社会主流文化的影响和制约，与社会主流文化的基本倾向保持一致。另外，校园文化也与其他亚文化，如家庭文化、社区文化、企业文化等，以及不同学校的校园文化之间具有密切的互动关系。

（2）高校校园文化与高校思政教育、德育、科研的密切联系。高校校园文化与高校思想政治教育、德育、科研都有密切的联系，它们共同服务于中国特色社会主义建设事业，为培养德、智、体、美、劳全面发展的合格建设者和可靠接班人的总体目标服务。

（3）高校校园文化有一定的空间界限。顾名思义，高校校园文化必须植根于校园中，离开了高校校园环境，校园文化就失去了生存和发展的土壤。但是，高校校园文化并非仅仅局限于校园中，特别是在网络技术不断发展的信息化社会，高校校园文化正通过各种媒介和渠道，走出校园，渗透和辐射到社会的各个层面。

（4）高校校园文化的主体是学校的全体成员。高校校园文化的产生和发展是以学校的师生员工这一特殊群体为基础的，是学校所有成员共同劳动的成果。因此，仅将学生或老师看作校园文化的主体是片面的。

（5）高校校园文化是一个动态的系统。一方面，高校校园文化是一个不断创新的过程；另一方面，校园文化是由诸多要素构成的具有一定结构和功能的系统，是各要素之间相互联系、相互作用的自身完备的有机整体，它具有系统所拥有的整体性、关联性、稳定性、开放性、协调性等诸多特征。

二、高校校园文化的理论结构

由于研究视角和研究依据的不同，高校校园文化的分类方法也不一样。从不同的角度、依据不同的标准，可以对高校校园文化进行不同的分类。依据角色结构，高校校园文化可以分为学生文化、教师文化、职工文化、管理者文化等；依据软硬件结构，高校校园文化可以分为软件文化和硬件文化两个部分；依据显性和隐性结构，高校校园文化可以分为显性文化和隐性文化两个部分；依据高校校园文化的空间，高校校园文化可以分为班级文化、寝室文化、社团文化、食堂文化等；依据高校校园文化的活动内容，高校校园文化可以分为政治文化、科学文化、道德文化、艺术文化、体育文化；等等。在众多分类方法中，最基本也是被广泛采用的，是借鉴文化学研究方法，以文化现象的存在形态对高校校园文化进行分类。

高校校园文化作为文化范畴的一个组成部分，也包含着文化所具有的种种要素：主体性要素、客体性要素、组织性要素。主体性要素就是人的要素，直接体现在校园文化中的教师、学生、校园工作者等；客体性要素指的是校园的客观环境和基础设施；组织性要素是指校园文化中的群体组成，如学生会、社团等。从这个角度，高校校园文化又可以分为物质文化、制度文化（或称组织制度文化）和精神文化三类。精神文化是校园文化的核心与灵魂，物质文化是校园文化的基础和外在标志，制度文化是精神文化和物质文化的中介。

校园物质文化是校园文化的外在标志。物质文化是校园文化的重要组成部分，也是校园文化存在和发展的基础。它是校园文化主体曾经和正在作用于其上的一切物质对象，是人们通过感官可以感受的一切物质性对象的总和。校园物质文化内涵丰富，不仅包括各种教学场所、教学和科研设备、工作和生活设施，如学校建筑、教学实验设备和办公设施等，为实现学校德育、智育、体育、美育和劳动教育等教育目标而提供的一切物质资源，还包括校园所处的社区环境、地域文化等自然与人文环境。

概括起来,主要包括四个方面:一批高水平、结构合理的课程和学科(专业),一支善于治学育人的教师队伍,一整套先进、配套齐全的现代化教学设施,一种良好、宽松、自由的校园文化环境。高校校园文化的形成与发展有其特定的自然和人文环境以及物质基础,校园文化发展的特点往往是直接通过不同的物质层面表现出来。它对学生的社会发展具有重要的教育功能。创建健康、高雅的学校物质文化,有利于大学生树立正确的世界观、人生观、价值观,帮助他们树立高度的责任心,促进社会化的完成,引导他们更快、更好地适应社会。与制度文化、精神文化相比较,物质文化是一个与物质技术因素密切联系的概念。

物质文化作为物化的文化形态和校园文化的外壳,既是学校物质文明建设的基础和成果,又是学校精神文明建设的载体和反映。从校园文化诸形态的内部结构来看,物质文化映照着整个校园文化历史发展积淀的时代特征、地域风格和民族样式,折射着校园主体的价值倾向和审美意向,是其他文化形态存在和发展的基础。大学物质文化建设重点应着力于五个方面:一是要着力建设结构合理、高水平的学科体系和专业结构;二是要着力建设特色鲜明、富有成效的教育教学体系;三是着力建设一支学风优良、富有创新精神和竞争力的高素质师资队伍;四是要着力搭建科研创新平台;五是要着力创造良好的办学条件,包括教室、实验室、图书馆、网络、仪器设备、文化体育活动硬件设施、优美的校园生活环境等教学科研基础设施。

所谓校园制度文化,就是校园主体进行文化活动时形成的各种行为准则,是维持校园活动正常进行的一系列规范,包括教学、科研活动中成文的规章制度、组织管理规范和条例、各种学生行为准则和要求,还包括习惯、礼仪、校风、班风以及一些未成文但是约定俗成的习惯做法。校园制度文化是学校各项规章制度的总和,是学校培养目标的规范化标准,校园制度文化的产生有其历史的必然性。作为校园人行为和活动的准则,学校制度的建立健全和有效实施,是学校教育管理规范化、科学化的重要标志。校园制度文化是学校教育教学得以有效进行的重要保证,发挥着管理育人的作用。没有规矩,不成方圆。任何一个组织要实现自己的管理目标都需要一定的管理做保障。

作为一个人口高度集中的组织机构,高校要实现自己的教育目标,有效地组织教育活动,必须制定相应的管理制度。校园制度文化建设既能使管理步入法治化轨道,又能营造一种促进学生自然成长的理想化氛围。一所学校制定并执行什么样的制度,推行什么样的育人政策和管理策略,既存在潜在的导向作用,又在校园文化建设中起到重要的规范作用。

高校校园制度文化从来源或制定主体上说,主要来自学校外部和内部两个方面,表现为三个层次,即国家及其教育主管机关颁行的规章制度;地方政府及其教育主管机关颁行的规章制度；学校自行制定的规章制度。党的路线方针政策和国家的教育法规，是整个学校管理制度的前提与基础；学校各项规章制度是党的路线方针政策和国家教育法规在学校各项工作中的具体体现。高校校园制度文化集中体现了学校教育及其管理工作的基本特点，具有规范性、强制性、稳定性等特点，是学校教育管理职能有序发挥，实现有序管理的必然要求。建立健全校园各项规章制度，有利于通过常规管理，建立起正常的校园文化活动的规范和秩序；有利于形成优良校风，培养师生的品德行为，对校园文化建设发挥导向作用；有利于协调各方面的关系，规范人们的行为，提高管理效能。

高校校园制度文化建设要注意以下几点：首先，要依据党和政府的方针政策，根据培养目标的规格要求，科学地制定和完善学生管理的各项规章制度，形成比较完整的管理体系；其次，要注重制度的系统性、连续性与稳定性，避免频繁变动；最后，还要保持制度的公开性、透明性，严格执行，加强监督。

精神文化是校园文化的深层内核，是所在高校校园文化的内核和最高表现形式，是指校园精神文化中的观念形态部分，即高校在长期发展过程中所形成的独特气质和价值规范体系，如学校所积淀和具有的校园传统、办学理念、思想信念、价值倾向、精神产品、道德水平等精神财富，具有凝聚、激励、导向和保障的作用。精神文化是人类在精神需求驱动下所形成的精神活动的方式及其对象化产品的总和。校园精神文化是整个人类精神文化的一部分，并受其影响和制约。一般认为，校园精神文化的核心是价值观，体现在校园文化建设的各个环节。校园环境、校园成员的行为、校园组织制度都在一定程度上反映了校园精神文化；而校园精神文化又通过校园主体行为这个环节，影响其他校园文化建设。与物质文化相比，精神文化的内容和发挥其功用的方式均是精神的；而物质文化、制度文化、行为文化等，实质上都是以不同的形式体现人的思想和精神创造。校园精神文化是学校教育的无形资源，起着春风化雨、熏陶渲染的育化作用，并且随着时代的发展、学校的成长，逐渐积淀为学校厚重的文化基石和文化历史。精神文化形成后，就变得相对独立，可以独立地在校园传播、继承和发展，成为所在高校独特的精神特征。

第二节　高校校园文化的基本特征与功能

一、高校校园文化的基本特征

高校校园文化不是孤立的文化现象，它是社会总体文化的一个部分，与其他非高校校园文化具有各种各样的密切联系，并产生各种各样的交互影响。然而高校校园作为一个独特的小社会，由于生活在其中的人群（高校师生）的特殊性，其文化也具有一些不同于非高校校园文化的特质。这些特质的形成主要在于高校校园的主体特征、文化品格和价值追求。

首先，高校校园文化是高校师生的文化，具有鲜明的时代性与创新性。这是高校校园文化主体青年大学生的特点使然。大学生年龄为20岁上下，他们构成了高校校园文化的主体。青年是最敏感的人群，他们具有鲜明的时代性、探索性、创造性、革新性。

其次，高校校园文化是高校校园内的文化，因而具有很强的相对独立性与稳定性。高校校园文化作为社会文化的一部分，在反映整个社会变迁时不可能与之完全同步，往往会出现超前或滞后的现象，甚至在某些特殊的历史条件下，会出现校园文化与社会文化不相符的情况。但是，大多数大学校园文化在本质上都从不同角度反映了所处的时代特征，并对社会变革与发展起到一定的积极促进作用。这是大学校园文化具有相对独立性的表现之一，是由其本身的特点所决定的。高校校园是文化学术薪火传递之所，文化学术薪火传递也是高校的基本职能之一，因此，其文化便带有"学院派"色彩。教师之教，学生之学，是高校最重要和最基本的文化活动，教和学的内容，又都系统而不零散，深入而不肤浅，所有这些就形成了高校校园文化的学院性特征。这种特征使大学校园化经过长时期的历史积淀与传承，体现出不同于其他高校的某种内在特征，这就是大学校园文化的稳定性。正是这一特征，使高校校园文化的核心精神一旦形成，便成为高校的标志，很难改变。

最后，高校校园文化在物质性基础上，更以精神性文化为内在特征。精神性诉求构成了高校校园文化的又一个基本特征，其社会化基本文化形态也往往侧重于物质性诉求的世俗文化。与物质性诉求的世俗文化相比较，高校校园文化主体精神性诉求强烈，更加追求一种精神上的满足感。

二、高校校园文化的基本功能

文化建设和物质建设是推动社会进步发展的两翼，人类的发展史充分表明，文化对于一个国家和民族的生存发展是不可或缺的，它具有政治、经济等无法替代的重要功能。

其一，文化赋予世界和人生以意义和价值。有学者指出，文化是一套蕴含意义和承载价值的符号体系，无论伦理还是哲学、艺术，都以特定的方式构建着世界和人生的意义价值体系，其中核心的问题是人的终极关怀问题，即人从哪里来，到哪里去，人何以存在以及人为何而存在，只有解决这些基本问题，人类才能获得精神上的归属感与超越感。

其二，文化维持和构建着社会秩序。这种秩序的较低层次在于"有序"，它可以在礼仪规范约束下形成，如中国传统的"五伦"思想，即构建了一个被费孝通称为"差序格局"的伦理宗法社会。而这种秩序的较高层次在于"和谐"，这实际上是一种内在的审美的建构，这也正是传统中国文化中"诗乐"居于核心地位的重要原因。

其三，文化是团结和凝聚全体民众的重要纽带。在同一文化体系内部，由于共同的语言、信仰、历史等诸多因素的影响，在社会成员之间会逐渐积淀出一种"集体无意识"，即彼此之间休戚相关、荣辱与共的文化体验，从而形成一个"命运共同体"。

其四，文化还具有陶冶情操、净化心灵的强大功能。正如亚里士多德认为欣赏悲剧具有使人的心灵得到净化的作用，优秀文化能够激浊扬清、提升社会成员的道德水准与精神境界。简言之，文化正如阳光、空气和水，是人类须臾不可或缺的心灵家园与精神动力。

文化的这些功能集中地体现在文化对人的教化上，或者说，这些功能在实质上都可以归于对人的教化。在我国古代，"文化"一词本身就是"以文教化"之意。它表示对人的性情的陶冶，品德的教养。今天看来，文化属于教育领域的一个范畴。所以，文化的核心功能或基本功能在于教化，提倡一种文化，也就是倡导一种教育，高校校园文化的功能尤其如此。

高校作为传承和创造文化的重要组织，在一个国家和民族的文化发展史上占有重要地位，承担着重要责任，是先进文化建设的辐射源与示范区。高校校园文化的这一基本功能，要求高校加强校园文化建设，坚持校园文化发展的正确方向，丰富其内涵，提升其品位，彰显其风骨。高校校园文化建设的最高目标是帮助、促使大学生形成科学正确的世界观、人生观、价值观，因此，高校校园文化建设要以"育人"为核心。高校校园文化是总体社会文化的组成部分，不可避免地会受到总体社会文化的影响。但它不同于社会文化之处，就是它更强调自觉的"育人"功效，是要求自觉地以"育人"为核心功能的文化。高校校园文化建设重在营造有利于学生精神成长的氛围，它不像其他社会文化那样芜杂，是去粗取精、去伪存真的文化，这是与其自觉"育人"的核心功能相一致的。

第三节　高校校园文化建设的重要作用及意义

学校的校容校貌，表现出一个学校整体精神的价值取向，是具有强大引导功能的教育资源。校园文化作为一种环境教育力量，对学生的健康成长产生巨大的影响。校园文化建设的终极目标就在于创建一种氛围，以陶冶学生的情操，构筑健康的人格，全面提高学生素质。因此，加强校园文化建设，要发挥学校师生在校园文化建设中的主体作用，构筑全员共建的校园文化体系。要树立校园文化全员共建意识，上至学校领导、下至每个师生员工都要重视、参与校园文化建设。校园文化在高校实现培养目标过程中的重要作用决定了它不是单靠学校内部某一部门的努力就能收到应有的效果，它与学校各方面的工作都有密切关系。校园文化对于贯彻执行党的教育方针，提高办学质量和人才培养质量具有重要作用。正确认识校园文化的功能及价值是加强校园文化建设的一个十分重要的内容。

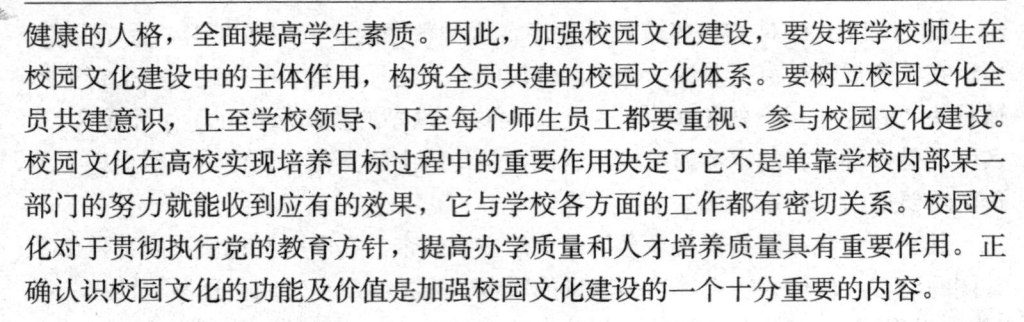

一、高校法治文化是校园文化的重要组成部分

法治文化是校园文化的必要组成部分，发挥着课堂教学不可替代的育人功能，校园法治文化建设的直接受益者是广大学生。大学生作为法治国家建设的主要力量，其法治精神的培育不仅关乎个人的成长与前途，也关系到一个国家的法治化水平。因此，要将法治的诸多价值要素及其蕴含的精神实质融入大学生的头脑中，使大学生建立对法律的信仰和尊重，并通过大学生这一优秀群体对社会整体的影响力，传播和普及这种法治精神，使之成为全体公民的信仰和理念，为当代中国的法治国家建设提供精神动力和智力支持。

二、高校校园文化对社会文化的引领

高校是以传授高等知识、研究高深学问、培养高级人才、开发高新科技为主要内容的教育机构，是知识的集散地、辐射源和创新基地，是人类追求文明进步的精神殿堂。作为保存、传承、传播和创造先进文化的重要场所，大学具有文化传承与创新的历史使命，并在建设中国特色社会主义事业中发挥着越来越重要的文化引领作用。这主要体现在：一是具有继承传播文化知识的作用。大学凭借高素质人才聚集的优势，理论研究的深度和广度，教育、研究、创新的能力，在文化理论建设、研究和传播中充分发挥带动作用。二是具有培养高层次人才的作用。高校培养高层次人才的职能，使其担负着培养国家建设、民族复兴所需要的德才兼备的优秀人才，包括文化建设的领军人物的作用。三是具有思想引领的作用。高校是新思想、新理论、新知识的摇篮，是国家发展的人才库、智囊团、思想库，在文化理论研究和文化建设方面，始终引领着社会前进的方向。四是具有文化创新的作用。高校校园文化研究与实践的主动性，使大学成为文化理论研究创新和文化体制机制创新的策源地。五是具有带动形成社会良好风气的作用。先进的大学人文建设和高尚的价值示范，对社会风气产生积极的影响。

因此，一方面，高校要认清自身的职责和使命，加强文化建设，坚持以人为本，重在"化人"，建设开放、多元化的高校校园文化，同时发挥文化桥梁和文化交流中心的作用，注重创新，以全面提高高校校园文化。另一方面，要充分认识高校在文化建设中具有的引领作用，不断增强文化自觉、文化自信、文化自强，引领社会文化发展，促进文化的繁荣和发展，实现建设文化强国的宏伟目标。

随着现代社会的发展，以传播知识为主的高校在社会活动中的作用越来越重要，学校及师生更多地融入社会活动中，以其环境、条件、研究成果等直接参与社会活动，并与社会建立广泛、密切、深入的联系，参与社会不同领域的服务与发展，促进社会进步。而且高校也一直是各种新思想、新理论的发源地，是各类思潮和运动的策源地，因为其具有的先进性会对社会产生重要影响。尤其是高校通过人才培养、科学研究、社会服务和文化传承创新等功能的发挥为文化的发展繁荣做出自己的贡献。因此，高校校园文化不仅承担着育人的职责，也承担着引领社会文化的职责，在利用先进文化的辐射和导向作用来提升社会文化和所处地方的文化品位方面也具有重要作用。

为了加快文化的发展，高校可以根据当地的需求和自身的特色及优势，发挥其作用：一是培养文化事业发展所需人才，高校要贴近区域发展的需要来设置相关专业，通过优化专业结构，拓宽办学渠道，以文化市场为导向，着力培养文化运作与发展所需要的新闻传媒、文化创作、经纪、策划、管理人才，以及文化创意等新兴技术人才，以满足日益发展的文化市场对人才的需求；二是与当地宣传、文化主管部门协调合作，通过委托、定向培养、双向交流等多种方式和途径，派有关人员到高校学习、进修，或通过与高校联合办学、集中短期培训和举办文化产业论坛等方式，培养为社会公众娱乐开展艺术表演或文化活动的组织、策划服务，开办文化产业，提供文化产品的生产和销售人才，并承担文化人才的继续教育任务；三是实现高校校园文化与区域文化的共享，通过建立和完善高校与区域的信息交流平台。利用报纸、杂志、电视、广播、网络等多种形式，传播高校的形象和信息，开放大学图书馆、体育馆、博物馆、校史馆等文化设施，以及组织各类文化讲座、演出等，建立开放式校园，促进文化共享。为公众营造文化的氛围，发挥高校校园文化的外向辐射作用。

三、高校校园文化对高素质人才培育的作用

高校对人才的吸引力很大程度上体现在高校的人文环境上，高校人文环境是整个校园文化的一个重要组成部分。一所高校的人文环境的优劣，直接关系到学校对师资凝聚力和吸引力的大小。随着人事管理制度的改革，高校教师的自由度和选择余地越来越大，哪里能提供更适合发展才能的人文环境，他们就会被哪里所吸引。如果在制度文化中能坚持做到管理与服务并重，使管理充满人性化，在

一定程度上就能取得以感情留住人才的效果。现在高等教育的人才竞争趋于白热化，引进人才难，留住人才更难，在客观条件相似的情况下，以情留人，为其最大限度地服务就显得特别珍贵。让学者对学校产生认同感是最好的合作前提。同样，好的校园文化建设也大大影响学生的择校选择。一所具有优秀校园环境的高校，在物质、人文、制度上都将成为吸引更多优秀学子前来学习的前提条件。高校校园文化应当坚持以教育为本、德育为先的方针，把正确的政治思想放在首要位置，以培养更多优秀的高素质人才。

校园文化作为重要的环境因素，对于一名学生能否成长为一个高素质型人才起到引导、熏陶和教化的作用。优秀的高校校园文化可以对高校学生进行思想引导，情感熏陶，意志磨炼和塑造，并通过各种活动包括社会实践营造出良好的文化氛围，有利于培养高校学生的文明举动，塑造其高尚的思想，树立正确的人生观、价值观和世界观，从而真正起到培育素质人才的作用。

第七章　高校校园精神文化建设管理

第一节　高校校园精神文化概述

一、校园精神文化的内涵

高校校园精神文化是一种隐形文化。对于高校校园精神文化的界定，有学者认为，校园精神文化主要是指高校师生的道德、习惯、传统、人际关系、世界观、人生观、价值观、审美情趣、集体舆论等；也有学者认为，校园精神文化是主宰整个大学师生员工思想和心态的精神倾向，它集中体现在大学师生员工的世界观、人生观、价值观和道德观上，集中反映大学师生员工的整体面貌等。

不管哪种说法，都说明了高校校园精神文化是高校在长期的文化演化中，对各种优秀文化要素的选择、抽象和积淀，并最终成为高校师生内在精神力量的源泉。它的内涵主要包括一所高校的历史传统、人文精神和科学精神等。

（一）历史传统

历史传统是指一所高校在长期办学过程中逐步形成的体现一定的价值取向、目标认同和思维向往的一种高校校园精神。

（二）人文精神

以爱国主义、社会主义和集体主义为核心的高校人文精神。高校校园人文精神涉及面非常宽泛，包括政治、思想、道德、哲学、文艺等各个方面。它大致体现在三个方面，即理想的追求、人格的模塑、操守的推崇。高校校园文化的人文精神能促使大学生成长为心中有明确追求标准而确立操守的人，能在纷繁复杂的世态万象面前，以科学的态度分析一切、看待一切。

（三）科学精神

去伪存真、实事求是、怀疑批判、理性实证。传承科学文化知识是高校教育的主要任务,弘扬科学精神应是高校校园精神文化建设和发展的重要方面。

二、校园精神文化的特点

校园精神文化与校园文化的其他组成部分和其他组织的精神文化构成相比,都有自己的特点。

第一,继承性。校园精神文化是高等学校在几十年甚至上百年发展过程中不断传承下来的历史积淀,如北京大学"兼容并包"的办学理念和"爱国,进步,科学,民族"的校训,清华大学"自强不息,厚德载物"和辽宁大学"明德精学,笃行志强"的校训,都体现了这些高校校园精神文化的历史继承性特点。

第二,时代性。校园精神文化特点不仅要表现自身的历史继承性,也要表现与时俱进的时代性。当前,校园精神文化建设就是要体现出高校"以人为本"的发展理念和建设和谐校园的目标,校园文化作为社会主义先进文化的重要组成部分,也要以自身的和谐建设和发展为实现社会主义文化大发展大繁荣而努力。所以,校园精神文化要表现出与时俱进的时代性,既批判继承又发展创新,既吸收东西方文化精华,又应具有中国特色。

第三,独特性。与其他社会组织的精神面貌和风格相比,高校的校风学风有自己独特的内容。高校作为"研究学问"的文化教育单位,与其他社会组织有明显的区别和差异,表现在精神文化方面,就是高校校园精神、办学理念、校风等方面的个性和独特性。所以,高校在内涵、内容等方面都有与企业、政府不同的独特风格。

第四,创新性。创新是民族进步的灵魂,是国家兴旺发达的不竭动力。创新也是校园精神文化建设的精髓,培养和发展创新精神是校园精神文化理应追求的教育目标。校园精神文化自身的发展需要不断创新,创新型人才培养也是高校的基本任务和目标,为了实现这一目标,校园精神文化必须构建创新氛围,以创新精神熏陶、召唤、激发大学生的创新意识,并不断增强大学生的创新和实践能力。

三、校园精神文化的功能

校园精神文化作为校园文化的核心,除了具有校园文化的一般功能,其还具有导向功能、凝聚功能、激励功能和规范功能。

第一,导向功能。校园精神文化是学校精神的一种载体,体现着校园主体的思想意识和价值观念,这对高校学生具有重要的引导作用。首先是一种目标导向,即引导校园主体向一定的目标奋斗,既包括高校文化建设目标,又包括社会文化建设发展目标;其次是价值导向,即使广大师生形成一致的价值取向,并逐渐实现高校及广大师生的价值追求。

第二，凝聚功能。校园精神文化所蕴含的价值观念、道德观念一经全体师生认同和接受，能够产生一种向心的内聚力，可以促进师生团结，增强校园整体合力和凝聚力。这种合力不仅可以把校园人的行为、感情、凝聚起来，对高校的整体发展也能起到推动作用。

第三，激励功能。校园精神文化的激励功能主要是通过高校的校园精神、校训、校歌、校友等表现的，这些载体所包含的精神内涵和价值能够使校园广大师生不断进取，不懈拼搏、自强不息、开拓创新，激励全体校园人为了共同的目标而努力进取。校友，特别是知名校友作为校园精神文化的传承者和践行者，能为学生树立榜样，对学生产生了越来越大的引导、鼓舞和激励作用。

第四，规范功能。校园精神文化的规范功能具体是指它对校园主体具有的行为规范和行为约束的功能。校园精神文化明确表达着学校所提倡的价值规范、道德规范，对师生的行为"应该做什么？""允许做什么？""怎样做？"等问题有明确的提倡或约束。此外，校园精神文化表现在学校的管理制度、服务制度上，更是以条文、规章制度的形式，规范、制约和保障着全体师生及员工的行为。例如，导师负责制、学分制、考试制度、寝室管理制度等，都规范和约束着人的行为方式。

第二节　高校校园精神文化的要素分析

高校校园精神文化包括价值观、办学理念、大学精神、校风和校训、伦理观五大要素。

一、价值观

价值观是指一个人对周围的客观事物的意义、重要性的总评价和总看法。它是人们对社会存在的反映，也是社会成员用来评价行为、事物以及从各种可能的目标中选择自己合意目标的准则。所谓高校价值观，是指高校师生在长期实践中逐渐建立起来的一种共同的价值取向、心理趋势和文化定式，是全体师生或多数师生一致认同的共同判断，也是高校校园精神文化的基础和准则。从高校价值观主体构成的范围大小来看，高校价值观大致可以分为三类：第一，高校个体价值观。高校个体价值观是高校所有师生员工中在教育、教学实践活动过程中所形成的各种价值观，它包括每个人对工作学习目的的看法，对生活意义的看法，对自己与他人关系、个人与社会关系、个人与学校关系的看法，等等。第二，高校群体价值观。高校群体价值观是指高校中包括学生会、共青团、党支部等各种正式组织和非正式组织所拥有的价值观。对于高校管理人员来说，要充分认识到这些非正式群体的作用，注意处理好这些正式群体与非正式群体之间相互的协作关系，创建良好的氛围，为提高高校的教育质量而共同努力。第三，高校整体价值观。高校整体价值观，是指高校对于高校周围环境的整体认识而做出的关于高校全面发展目标并能被全体或者大部分师生员工所认可的一种理念，它统率和制约着高校内部各种群体价值观和个人价值观。人生观、价值观的状况与性质，往往是一个人形成政治观的重要思想基础。

随着经济全球化的到来，我国在改革开放后，西方的各种思潮不断涌入高校校园，特别是某些不良的风气在高校校园内曾风行一时。种种现实表明，这些不良行为和现象已经对大学生的政治态度、理想信念和价值取向等精神面貌产生了深刻影响。加上很多高校在校园文化建设中都存在重视校园物质文化建设而轻视校园精神文化建设，重视高校文化与国际文化接轨而轻视对优秀的中华传统文化的传承，这导致高校校园精神文化建设出现了偏差，不能适应时代的要求。大学生是祖国的未来、民族的希望，是中国特色社会主义现代化的建设者和接班人。大学生的政治信仰、思想道德、能力素质和价值观念如何，将直接影响中国特色社会主义建设能否后继有人。更重要的是，高校是意识形态领域斗争的重要阵地之一。因此，我们必须坚持高校校园精神文化建设朝着社会主义方向前进，用民族精神、爱国精神和时代精神来凝聚力量，树立起建设中国特色社会主义的共同理想，发挥出高校校园精神文化强大的引领、示范和辐射作用，努力把高校建设成为一个传播科学知识、弘扬社会正气和塑造美好心灵的文化堡垒。

二、办学理念

办学理念是一所高校的办学思想的方向和保障，是指引一所高校发展远景与前进方向的根本指导原则，它为大学精神、高校伦理观与高校价值观等发展思想提供保障。高校办学理念受民族文化传统、高校的历史、地域文化的影响，是由学科特色和学术带头人的品格、气质和创造力等因素共同孕育而成，集中体现了一所高校独特的、鲜明的个性。它蕴含着高校的办学方向、办学目标和办学精神，反映了一所高校的追求和信念，是高校群体意识的集中体现，也是对如何办好一所高校的哲学思考，是高校的核心竞争力之一。一个与时俱进的、切合实际的办学理念可以推动高校的可持续发展，提升高校的品牌价值，并且决定这所高校的思维方式和发展方向。一流的办学理念往往孕育出一流的高校品牌。在当代中国，发展先进文化，就是发展面向现代化、面向世界、面向未来的，民族的科学的大众的社会主义文化，以不断丰富人们的精神世界、增强人们的精神力量。

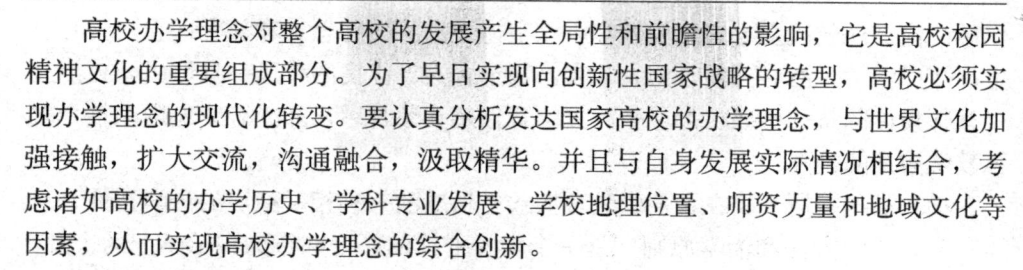

高校办学理念对整个高校的发展产生全局性和前瞻性的影响，它是高校校园精神文化的重要组成部分。为了早日实现向创新性国家战略的转型，高校必须实现办学理念的现代化转变。要认真分析发达国家高校的办学理念，与世界文化加强接触，扩大交流，沟通融合，汲取精华。并且与自身发展实际情况相结合，考虑诸如高校的办学历史、学科专业发展、学校地理位置、师资力量和地域文化等因素，从而实现高校办学理念的综合创新。

三、大学精神

精神是指"人的内心世界现象，包括思维、意志、情感等有意识的方面，也包括其他心理活动和无意识的方面"。

大学精神是在高校办学历史过程中形成的具有特色的、稳定的并为广大师生所认同和坚守的理想、信念、价值观和行为的准则，是高校的历史积淀和文化升华，是一所高校的灵魂和旗帜，是推动高校发展的内在动力和精神支撑。大学精神渗透在高校的各个内在领域，具有导向和规范作用、凝聚和激励作用、熏陶和感染作用。它能产生博大的精神力量、深刻的道德力量和巨大的感召力量，有利于培养广大师生积极的人生态度、鲜明的价值判断和丰富完善的思想体系。

四、校风和校训

（一）树立优良的校风

校风是一所学校所特有的占主导地位的行为习惯和群体风尚，表现为一种独特的心理环境。校风是校园精神文化的重要组成部分。优良的校风不仅能够推动校园自由民主思想的深层发展，也能产生良好的心理效应，成为推动校园建设的重要动力。好的校风具有深刻"强制性"的感染力，使很多不符合环境气氛要求的心理和行为受到压制，可以令人时刻感受到一种无形的压力，使每一个校园人的集体感和荣誉感日趋巩固和扩展，形成集体成员协调的心理状态；好的校风具有对学校成员内在动力的激发和引导作用，催人奋进；好的校风可以对学校成员的心理发展具有良好的保护作用，对不良的心理倾向和行为具有强大的抵御力和压制力，能够有效地排除各种不良心理和行为的侵蚀。依据主体的不同，校风可分为教风、学风和行政管理作风。

教风是一所学校的状态标志，也是育人的环境氛围。教风是指教师集体表现出来的教育观念、品德修养、教学风貌、治学态度、科研意识和教书育人的作风。要想抓好校风建设，首先必须抓好教风建设，因为学校是育人的场所，也是人才的摇篮，而教师是人才的培养者，理应在教书育人的过程中发挥出主力军的作用。优良的教风主要表现为教师应该坚持先进的教育思想和教育理念,关心学生,严谨治学,潜心执教,为人师表,精于育人。优良的教风一旦形成,会使这个教师集体的每一位成员都产生巨大的责任感和荣誉感,并能有效地推动整个教育教学质量的提高。

学风是指一所学校在长期的教育实践中形成的一种相对稳定的治学精神、治学态度、治学方法和治学原则,是一个学校群体的心理和行为在治学上的表现。换句话说,就是学习风气。它包括明确的学习目的、浓厚的学习兴趣、进取的学习精神、刻苦的学习态度、良好的学习习惯、优秀的学习方法、严明的学习纪律等。

行政管理作风是指整个学校的行政人员在日常管理工作中所表现出来的工作作风。它对教师的教风和学生的学风产生重要影响,是校风建设的关键。学校管理层的各职能部门,与广大师生有着千丝万缕的联系,良好的管理作风对全校风气有无声的影响。高校应当从提高管理人员的管理素质着手,养成文明的言行风貌,以及建立合理的管理机制,树立全校全员全方位全过程育人的观念。行政管理工作,虽说直接表现为对人、财、事的管理,但本质上就是对人的管理。高校的管理人员应该做到大度、尊重、宽容和多谋善断。在管理过程中,要了解人才、团结人才、选拔人才,应当做到任人唯贤、以才授位,以求人尽其才。在处事中要办事公道、赏罚分明、作风民主、乐于奉献。

(二)提炼特色的校训

校训是学校根据自身特色确定的指导师生言行、促使师生形成正确的价值观、人生观,并要求师生共同执行的基本行为准则。校训体现了学校对广大师生发展的理想追求,体现了学校的整体价值取向、反映了学校独特的个性和办学特色,也是高校文化的核心表征。从某种程度来说,校训就是一所高校的校风、学风和行政管理作风的总结和提炼,并和学校的传统、历史、民族文化传统和地域文化特色相结合,用紧凑流畅典雅的方式表达出来。比如,清华大学校训为"自强不息,厚德载物",北京大学的校训为"爱国进步,民主科学",南开大学的校训为"允公允能,日新月异",南京大学的校训为"诚朴雄伟,励学敦行",武汉大学的校训为"自强弘毅,求是拓新",云南大学的校训为"会泽百家,至公天下",中山大学的校训为"博学审问、慎思、明辨、笃行",山东大学的校训为"气有浩然,学无止境",南昌大学的校训为"格物致新,厚德泽人",等等。这些校训都包括了中华民族优秀的传统文化和优秀的传统教育思想的精髓,高校以育德为本,培养师生的公共精神和创新思维,形成正确的价值观、人生观,并促进校园建设的可持续发展。

五、伦理观

在人类文化发展史上，没有哪一个民族或国家能够像中华民族这样具有如此深厚的伦理文化传统。从先秦到近现代，已经历经了几千年的演变，而儒家伦理一直是中华民族的传统伦理道德文化，是整个中国文化的主脊和精髓。历代儒家所讲的"伦理"，一般都是从《孟子》中提到的"人伦"引申出来的，指的是人在一定的社会关系网络中必须遵守的道德准则，也就是人际关系之理。伦理是指人与人之间相互关系的基本道德和准则。研究伦理的学问，即伦理学，它主要研究的是人们的道德思想、道德规范和道德行为。而所谓高校伦理观，就是发生在高校校园内的具有神圣性和人文性的一切伦理关系的总和，以及在这种关系中蕴含的精神与智慧。高校伦理观是通过对高校校园精神文化建设及其文化的道德性研究，它重新赋予了高校职能以神圣性与人文性，改变目前高校中频频出现的种种伦理失范现象。高校伦理观可以提升学校中教师与学生之间、教师内部之间、学生相互之间关系的神圣性和人文性，使高校校园真正成为广大师生的精神家园。

高校伦理观是高校校园精神文化中围绕主要责任关系以及为保证这种责任关系落实的一些重要的价值取向、舆论氛围、情感关系和相关规约，它是高校校园精神文化的重要组成部分，高校伦理观更强调责任关系，以及这种关系中神圣的、具有人文本性的道德伦理内涵。高校伦理观内容丰富，它包括诚信伦理观、消费伦理观、生命伦理观、生态伦理观等。以生命伦理观为例，有人认为，生命伦理观教育在于帮助人们成为一个有"人性"和"知性"的社会人。"人性"是指珍视自我、体恤他人和关心社会。"知性"是指有知识，而其核心就是要帮助人珍惜、欣赏自己和他人的生命并活出自己生命独特的光辉与价值。在很多国家，众生平等、珍视生命、敬畏生命和关爱生命等生命伦理观教育都是从孩童就开始传授的最基本教育。恩格尔哈特认为，正是因为我们处于一个小的共同体内，而不是在大规模的社会中，一个人才能充分地融于道德内容和道德结构中。正是人们处在一个具体的道德共同体内，一个人才能过着自己想要的生活，才能找到生命的意义和具体的道德指导。也正是处于一个具体的道德共同体中，一个人才能真正地掌握充满内容的生命伦理学。

高校是一个道德共同体，高校教育的目的就是要使学生都能获得各种道德伦理知识，并努力指导自身的生活。高校伦理观的宗旨就是要促进大学生的德行快速成长，进而促进他们整体素质的全面提高和发展。也就是说，高校伦理观建设最终的目的在于注重人的发展，尤其是在伦理道德方面的发展。它将高校校园作为隐性教育的场所，为学生提供充满关心、尊重、友爱和互助的心理环境，使学生在良好的校园氛围中获得德行成长。

第三节　高校校园精神文化建设管理分析

一、校园精神文化建设的原则

（一）方向性原则

校园精神文化体现着校园文化的实质，是校园师生员工的行为准则和精神支柱。坚持党的领导是校园精神文化向社会主义方向迈进的重要保证，是校园文化坚持社会主义性质的精神支柱。

（二）教育性原则

古人云"百行以德为首"。人无德不立，国无德不兴。道德建设的好坏，体现着一个国家民众的精神状态，影响着一个民族事业的兴亡盛衰。道德兴，国家兴；道德兴，民族兴——这是现实得出的结论。学校是教育人、培养人的场所，校园文化作为学校教育的一部分，首先必须突出教育性特点，时时、处处把握教育性原则，只有这样，才能充分发挥校园文化潜在的导向功能。通过各种有效形式对学生进行爱国主义、集体主义、社会主义和中华民族精神教育，探求激发学生学习成才的规律，使学生的综合素质不断提高，在形成正确的爱国成才的基础上提高学习成绩。

（三）科学性原则

校园文化建设是学校的一项整体工程，它涉及面广，需要调动方方面面的力量。学校应精心统筹，科学规划，合理安排，避免出现各行其是、相互掣肘的局面。例如，学生课余文化生活，一要建立组织系统，从领导机构到专、兼职辅导教师，再到学生必须环环相扣；二要根据学生的年龄、知识结构、心理特点，合理安排活动的内容，基本上形成序列，以满足不同年级、不同特点、不同兴趣爱好学生发展的需要。要逐步开展校风、教风和学风建设。首先是校风建设。校风是全校师生员工共同努力，在长期教育管理中逐步形成的相对稳定的精神状态和作风。它是道德情操、学习风尚、工作态度的综合反应。从体现形式上看，校风主要表现在校训、校歌、校徽和校旗上。优良的校风激励着教师为人师表，教书育人，也鞭策学生勤奋学习，积极向上。其次是教风建设。教风是教师在长期教育实践活动中形成的教育教学的特点、作用和风格，是教师教育理念、道德品

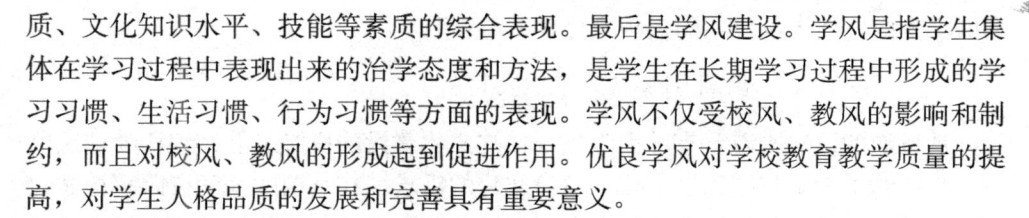

质、文化知识水平、技能等素质的综合表现。最后是学风建设。学风是指学生集体在学习过程中表现出来的治学态度和方法，是学生在长期学习过程中形成的学习习惯、生活习惯、行为习惯等方面的表现。学风不仅受校风、教风的影响和制约，而且对校风、教风的形成起到促进作用。优良学风对学校教育教学质量的提高，对学生人格品质的发展和完善具有重要意义。

（四）艺术性原则

在校园文化建设中，要有艺术眼光，要让学生通过学校的设施、氛围等，处处受到艺术的感染，得到美的享受。校园环境的绿化、美化，应努力做到四季各有特点，阳春葱茏滴翠，盛夏浓荫覆地，凉秋红枫似火，寒冬松柏常青；校园建筑的设计、景点的安排，努力做到外形、色彩和谐统一，给人以赏心悦目的感觉，学校文化活动的安排也要集教育性、科学性和艺术性于一体，努力使活动开展得新颖、活泼有趣，使校园文化对青少年学生产生强烈的感染力和吸引力，促使他们主动、热情、积极地参与其中，从而使他们的思想情操自然而然地得到陶冶，心灵在无形之中得到净化。

二、校园精神文化建设存在的问题

高校校园作为校园文化建设的最重要阵地，越来越受到有关部门和各界领导的重视，其主导着高校校园精神文化建设。但是不可否认，当前的校园精神文化建设中存在诸多问题。

（一）校园网络文化造成的影响

自21世纪以来，信息科技已经成为不可或缺的一部分，但是网络对于大学生的价值取向既有积极影响又有消极影响，可能在大学生接触网络时得到了一些消极信息，使其原有的价值观变得背道而驰。现如今，大学校园里的每一个学生都离不开手机，他们从网络上得到了想要的新闻、消息、知识，但却使他们更容易脱离实际，沉溺于虚幻的世界中，对周围环境的感受力逐步下降，不仅浪费金钱，还会导致自我封闭。对此如果不加以引导，一定会让他们走上歧途。

（二）校园文化和大学精神的缺失

大学精神的缺失对于大学校园精神文化的建设及在价值观上倾向于实用主义。如今，大学精神衰微的现象屡见不鲜，这是因为大学校园精神文化走向功利化倾向的办学目标，缺乏独立意识、个性鲜明的办学理念、思想、教育等。在大学校园中，用人文的思想教育人和科学的头脑武装人显得黯然失色，所以，大学校园精神文化建设应遵循社会主义文化本质的基本要求，从而改进校园文化建设的引导方向，使大学校园的精神文化越来越繁荣。

（三）校园文化的机制不完善及其缺失

从目前的形势来看，有的大学校园精神文化建设的机制未能达到科学理论范畴，其制约了大学校园物质文化、精神文化的需求。在当前的大学校园精神文化建设过程中，主体的片面性依然存在，通过各种大学校园文化活动仅仅进行了形式上的交流，这样既达不到预期目的，更增加了师生乃至校园文化的负担。

三、校园精神文化建设措施

（一）顺应时代潮流，坚持以人为本

21世纪，社会、政治、经济、文化、生态的"五位一体"，决定着大学校园精神文化的基调。拥有百年历史的学校乃至刚刚成立的院校，都应顺应这时代的变化。建设大学校园不能脱离社会、时代，正是它们使我们的大学校园生活日益完善。汲取具有时代性的大学精神文化，坚持"以人为本"理念，对人才培养、科技创新、社会服务、文化理念等高功能特效的发挥，引领我们一路前行。

（二）树立良好的校风

校风是一个学校各种风气的总和，在学校办学过程中长期积淀而成，是一所大学的灵魂和气质，它体现着学校文化传统、管理水平和办学理念，是学校创品牌、树形象的重要保证。良好的校风既是教育和管理的成果之一，又在教育和管理上具有特殊作用，它有一股巨大的同化力、促进力和约束力，促进学生个体成长。就外延而言，主要包括学风、教风和工作作风。坚持"立德树人"指导校园文化，必须树立良好的校风。

学风是学生在学习过程中表现出来的治学态度。高校应坚持以学为贵，以知为重，帮助学生深刻了解求知对于推动社会进步、成就事业和完善人生的重要意义，形成自觉学习、积极探索、不断创新的人生态度和海纳百川的博大胸怀。

教师是教育和改革的实践者、开拓者，是中华民族文明得以传递的传承者、教导者，树立良好的师风对于校园文化建设具有至关重要的作用。品德高尚的教师作为校园文化的传播者，言传身教，将"太上有立德，其次有立功，其次有立言"的真谛实践、传承、教导。"所谓大学者，非谓有大楼之谓也，有大师之谓也。"前清华大学校长梅贻琦也曾这样说过。优良的学风更需要一些具有学术风骨、品德高尚的大师级人物以其品格、气质影响一代又一代学生。此外，良好的工作作风也是优良校风的保证。

（三）开展丰富多彩的校园文化活动

习近平总书记在全国高校思想政治工作会议上强调："要坚持把立德树人作为中心环节，把思想政治工作贯穿教育教学全过程，实现全程育人、全方位育人，努力开创我国高等教育事业发展新局面。"❶ 建设以"立德树人"为核心的校园文化，需要以丰富多彩的校园文化活动作为载体，使学生在轻松愉快的氛围中树立良好德行。

第一，积极开展学生校园文化艺术节、科技文化节、学生社团文化节、社会实践、志愿服务等校园文化活动。以大学生艺术节、"挑战杯"科技创新作品竞赛、创业计划大赛、暑期"三下乡"社会实践等活动为载体，引导学生坚定正确的政治方向，提高思想道德素质和创新意识，丰富文化生活，推动学校形成厚重的校园文化和清新的校园文明风尚，使学生在日常学习、生活中接受先进文化的熏陶和文明风尚的感染，在良好的校园人文、自然环境中陶冶情操，促进自我全面发展和健康成长。

第二，开展宿舍文化建设活动。宿舍文化是大学校园文化建设的重要组成部分，和谐宿舍对于青年学生的成长成才具有重要作用。随着高等学校学分制的实行，以班级作为思想政治教育基本单位的情况正在发生改变，宿舍的育人功能更加突出。学校要通过开展多种形式的活动，探讨建设"美观雅致、文明理性、团结互助、积极进取"宿舍文化的方法、途径，引导学生积极行动起来共建和谐宿舍。

第三，广泛开展通识教育。通识教育作为造就具备远大眼光、通融知识、博雅精神和优美情感的人才的文明教育，是大学文化的应有部分，学校应广泛开展通识教育讲座，邀请校内外在人文、社科方面有造诣的专家莅临指导，开阔全校师生视野，打造精彩的"文化盛宴"。

（四）利用重大节日、庆典、重大事件等契机开展丰富多彩的文化活动

近年来，随着国家的大事、盛事不断，校园文化活动、庆典频繁，德育工作者须不断从中提炼新的德育命题，使之成为具有贴近性的德育资源。相比于其他资源来说，重大事件、活动、庆典的特点有：第一，被大学生广泛关注，有利于增强思想政治教育的吸引力、感染力；第二，其形式鲜活，可接受度强，能达到润物无声的效果；第三，高校常规的开学典礼、毕业典礼、迎新晚会等也是有效的育人资源。

---

❶ 熊晓梅.《坚持立德树人 实现"三全教育"》.中国共产党网，2019-2-14［EB/OL］.http://theory.people.com.cn/n1/2019/0214/c40531-30670807.html?ivk_sa=1021577i.

（五）凝聚师生心智，提炼大学精神

每一所大学的校园特色文化与众不同，而大学精神文化是大学文化的核心。每一所大学对通过提炼大学精神都十分注重，使具有特色的大学校园文化建设得以推进。学校可以利用开学典礼、毕业典礼、校友会等一系列大型活动，在丰富其大学校园精神文化的同时，对大学文化精神进行探索、讨论、提炼，引导学校领导进一步宣传总结、培育校友、弘扬发展。使大学精神文化建设逐渐成为学校最重要的精神动力，有力地推进了办学特色和发展战略，建设海内外知名且具有特色主义的研究型、学术性、科技性的大学基础，提供强大精神动力及财富。

四、大学精神及其培育

（一）大学精神在校园文化建设中的作用

1.弘扬优良传统，实现文化引领，在大学精神的传承与创新中推进高校校园文化建设

大学精神既是高校历史文化的积淀，又是时代精神的升华。作为中华民族传统历史文化的一种传承和发展，我国许多高校的大学精神均融合了中华民族优秀文化传统精神的元素，成为这些高校生生不息、永葆活力的宝贵精神财富。同时，大学精神也与高校自身发展的历史传统息息相关。大学精神既要植根于历史传统，也要立足于当代，与以改革创新为核心的时代精神相契合。总之，大学精神的传承精神和创新精神为高校实现文化引领，推进校园文化建设奠定了深厚的文化根基，提供了源源不竭的精神动力。

2.凸显人文关怀，在人文精神与科学精神的交融中推进高校校园文化建设

在高校，大学生既是大学精神的创新和培育主体，也是校园文化的建设主体。在高校校园文化建设中，必须坚持以学生为本，凸显人文关怀，大力弘扬和培育人文精神和科学精神。在实践中，既要把教育人、引导人、鼓舞人、尊重人、理解人与关心人结合起来，把人文关怀传递到校园的每个角落，又要在高校校园内营造一种追求真知、崇尚科学的气氛。这样，才能不断提高大学生自身的人文素质和科学素质，并充分发挥其在建设校园文化中的主体作用。

3.秉承公正，兼容并蓄，在批判精神和包容精神的交相辉映中推进高校校园文化建设

批判精神是大学精神所固有的精神，作为学术研究和文化创新的重要基地，高校只有秉承公正，对各种学术观点和文化理念做出公正客观的价值评价，才能真正发挥其对学术和文化发展的引领功能。包容精神是一种兼容并蓄的开放精

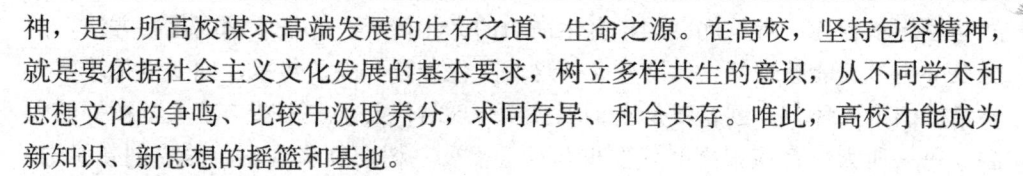

神，是一所高校谋求高端发展的生存之道、生命之源。在高校，坚持包容精神，就是要依据社会主义文化发展的基本要求，树立多样共生的意识，从不同学术和思想文化的争鸣、比较中汲取养分，求同存异、和合共存。唯此，高校才能成为新知识、新思想的摇篮和基地。

（二）培育大学精神应注意统一性

大学精神的培育要注意下列特性的统一。

1. 普遍性与特殊性的统一

一所大学特有的大学精神，既要体现作为大学的总体特性和普遍要求，又要彰显自己的个性特点和鲜明特色。从这个意义上说，大学精神是普遍要求与个性表达的有机统一。培育大学精神，既应着眼于大学的普遍性，即共性，又应立足于每所大学的特殊性，即个性。

作为一种社会组织，大学有其共性。人才培养、科学研究和社会服务，是大学最基本的职能。因此，育人为本、科学求真、批判创新、责任担当等，应该是所有大学的普遍价值追求。对于任何一所大学来说，培育自己的大学精神，理应全面体现作为大学的这种普遍价值追求。但就每一所大学而言，由于特定的历史传统、地域特色、社会环境、办学理念等方面的差异，又有其个性。尤其是在当代，大学之间的角色分化越来越明显，出现了形态迥异、各具特色的各类大学，也必定会孕育出特殊的、富有个性的大学精神。一所大学富有个性的大学精神，是这所大学在长期发展中沉淀的思想精华，集中反映了这所大学的个性追求和特色。如果没有富有个性的大学精神，一所大学就难以有强大而持久的生命力。因此，在培育大学精神时，每一所大学都应该在充分挖掘传统文化资源、紧密结合时代要求的基础上，根据学校发展理念、战略和规划，建构具有自己特色和个性的大学精神。

2. 传承与创新的统一

大学精神的培育，既是对历史传统的一种积淀和传承，又是对当下现实的一种批判与创新。大学精神要在传承中创新、在创新中传承，在传承与创新的统一中实现传统精神和时代精神的融通。

传承就是有选择地吸收、传播和发扬民族的、大学的优良文化传统。之所以要传承民族的优良文化传统，是因为任何类型的大学都是在特定民族文化的熏陶中产生和延续的。培育大学精神，必须广泛吸收本民族的优秀文化传统，体现民族的精神、气质和性格。之所以要传承大学的优良文化传统，是因为一所大学特别是办学历史较长的大学，在办学过程中往往会形成一些独特的文化传统。这一独特的文化传统是其大学精神得以形成和发展的重要资源之一，大学精神就孕育于这种传统中。一所大学要培育自己的大学精神，就必须系统总结长期以来的办学思想和经验，继承优良的、有生命力的文化传统，并采取制度化的方法，使全校师生员工能够理解、认同并弘扬这些文化传统。除了传承，创新也是培育大学精神的重要环节。创新就是立足现实，体现时代要求，不断丰富大学精神的内涵。每一所大学都应根据时代要求与社会需要，树立创新观念，养成创新思维，增强创新能力，不断对既有的大学精神进行完善和超越，从而丰富和发展自己的大学精神。

3. 合规律性与合目的性的统一

大学精神的培育，既是一个遵循大学发展规律的自然历史过程，又是一个不断满足和实现人的需要的能动过程，是合规律性与合目的性相统一的过程。合规律性是合目的性的前提，合目的性是合规律性的归属。

培育大学精神要坚持合规律性的原则。所谓合规律性，就是要不断认识和把握大学发展中各组成部分及各环节之间的本质联系和必然趋势，按照大学发展客观规律的要求，形成科学的大学发展理念、战略和规划。合规律性就是求真，亦即求真务实。它要求高校在培育大学精神时不能急于求成，希冀一蹴而就。真正的大学精神都是源于大学长期的历史发展和文化传承，需要世代大学人按照大学发展的客观规律进行科学探索和精心培育。培育大学精神还要坚持合目的性的原则。所谓合目的性，就是在认识和遵循大学发展客观规律的基础上，坚持以人为本，把达到人的目的和促进人的全面发展作为培育大学精神的根本。合目的性就是求善，亦即人文关怀。大学不是抽象的存在物，而是由现实的人构成的，大学精神是通过现实的个人来体现和实现的。因此，坚持以人为本，加强人文关怀，是培育大学精神的重要环节。坚持以人为本，就是在培育大学精神的过程中要以学生为主体、以教师为主导，充分发挥广大师生员工的积极性和主动性；加强人文关怀，就是在培育大学精神的过程中要尊重人、理解人、关心人、爱护人，使广大师生员工切身体验、真正认同和充分接受自己所在的大学，把大学作为自己的精神家园。

4. 理性与激情的统一

大学探究知识、追求真理、传承文化、积极创新的过程，是一个理性与激情交相互动的过程。因此，大学精神也是介乎理性与激情之间的一个范畴。这决定了大学精神的培育既是一个理性探索的过程，也是一个激情洋溢的过程。培育大学精神，既需要激情的理性，也需要理性的激情。

理性是大学尊重科学和追求真知这一本质属性的体现。现代大学是传递、应用知识的场所，是进行精神生产和文化传播的场所，培育大学精神需要实事求是的科学态度、追求真理的探究精神、敢于质疑的批判勇气。大学必须坚守学术为本、理性探究的科学精神。只有这样，大学精神才能不断孕育发展和完善成熟。

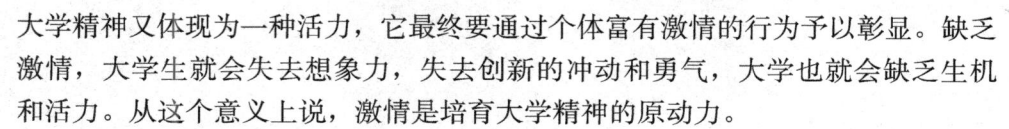

大学精神又体现为一种活力，它最终要通过个体富有激情的行为予以彰显。缺乏激情，大学生就会失去想象力，失去创新的冲动和勇气，大学也就会缺乏生机和活力。从这个意义上说，激情是培育大学精神的原动力。

5. 说与做的统一

培育大学精神既是一个理性思考、思想碰撞和言语谈论的"说"的过程，又是一个见诸行动、付诸实践和追求实效的"做"的过程，是说与做相统一的过程。这种统一是唯物主义知行观的基本要求。

大学精神既以观念形态呈现于大学的办学理念、校训、校风、校园文化中，又以物质形态内蕴于大学课堂、基础设施、校园风景中。培育大学精神需要"说"。说即知，亦即知识传授、理性探索、理论求解、思想交锋等。大学精神常常以特定的概念或命题来概括、表达和呈现。培育大学精神，需要大学人的自觉思考，需要一代又一代大学人自觉地总结、概括和完善大学的办学理念、校训、校风等。培育大学精神更需要"做"。做即行，亦即积极行动、勇于实践、谋求实效等。大学精神不是人为设定的，也不是少数人头脑中的理念产物，更不是简单的应时口号。从根本上说，一所大学的精神既是在其长期的办学实践过程中所形成的约束大学行为的价值取向和规范体系，以及体现这种价值取向和规范体系的独特气质，又是超越"象牙塔"向公众展示出的品牌形象，是一种需要行动来体现的价值观，是"行"和"做"。只有在切实的践行中，大学精神才能确证自己的真实性，真正发挥凝聚人心、传承文化、引领社会的功能，并不断使自身趋于成熟和完善。

第八章 高校校园物质文化建设管理

第一节 高校校园物质文化概述

一、高校校园物质文化的相关概念

（一）物质文化

物质文化是指为了满足人类生存和发展需要所创造的物质产品及其所表现的文化，包括饮食、服饰、建筑、交通、生产工具以及乡村、城市等，是文化要素或者文化景观的物质表现方面。

（二）校园物质文化

校园物质文化是高校文化的一个相当重要的组成部分，它包括学校建筑及其造型、颜色、布局、教学工作的装备设施、校舍的大小、教室的空间安排、花草树木的种植、教职员工的服饰、校旗、校徽、校服等。简单来说，高校校园物质文化是指高校建设硬件设施的配备展示。

（三）校园物质文化的内容

校园物质文化主要包括三个方面的内容：一是优雅的自然环境文化，主要是指校园选址恰当、建筑布局合理、校园绿化、环卫净化等；二是完善的设施文化，主要是指教学办公设施、科研实验设备、图书馆、网络系统、后勤生活装备等优质、齐全；三是积极的方式文化，主要是指特定精神文化的某些物质载体，比如张贴得体的标语、名人名言名画、重要人物的雕塑、校园文物、校史馆等。

二、高校校园物质文化的特点

（一）传承性

在这个世界中，万事万物都有着千丝万缕的联系，都不是孤立存在的，在历史上是前后联系的，相互依存的。高校物质文化具有历史传承的特点，把当今文化同历史联系起来。在高校物质文化中，没有文化的传承就如同楼房没有地基。每一所高校在发展过程中都积淀了一定的高校物质文化传统，例如，富有个性的高校主楼就是在高校发展过程中逐步更新改进，逐步实现适应该所学校发展的专属形式，是这所高校区别于其他高校的独特的精神标志，为高校人努力拼搏，开拓进取提供了有力的精神源泉。高校物质文化的建设，首先，应该是强化对已有的历史进行继承，我国的历史源远流长，但是继承性却有不足之处，历史建筑的保护也有所欠缺，这样就使人们对"曾经"的认识不足，从而缺乏一种归属感。其次，高校物质文化还要传承已有的自然风貌，自然的一草一木，都是大自然留给高校人的瑰宝，是时刻警醒人们亲近自然、爱护自然的物质基础。有助于人们时刻牢记可持续发展的要义，时刻牢记人类文明与大自然的息息相关。高校物质文化的历史传统是高校发展的法宝，通过高校物质文化，校园人将身临其境般地感受其教化的光辉，并继承发扬光大。

（二）卓越性

校园建筑是诞生科学的承载体，是教学过程中的主导、是教育的实践之地，理应成为改革开放人才供应的主体；当今的大学生，毋庸置疑地是国家发展的中坚力量和各行各业的骨干精英，大学生也必然成为高校物质文化建设的主体。这就决定了高校物质文化建设具有较高的文化层次和道德品质，决定了高校物质文化建设要比那些其他社会文化更具有卓越性。

（三）多元性

高校是各类文化精华汇聚的场所，日新月异的建筑、设施、异地文化的冲突影响决定了高校物质文化内容丰富、形式复杂多样。高校物质文化涉及的内容多、形式丰富、领域广泛；建设高校物质文化的主体是当代高知人群，他们观念更新快、思想活跃，尤其是大学生同时具有高水准与青年人的双重特点，他们视野开阔、思维敏捷、精力充沛。所以，高校物质文化的内容充实、形式多样、创新性很强。以高校主楼建设为例，世界各大院校的主楼设计风格多种多样，层出不穷，有些更是出自同一设计师之手。虽然有些主楼的设计风格一致，但是却在细节之处能够找到体现本校特点的地方。

（四）承载性

高校物质文化的承载性主要是指高校在日常的教学科研生活中形成的一种本校特有的文化氛围，这种文化氛围以校园物质文化为载体，通过高校物质文化向四面八方辐射，使身在其中的人受到感染和熏陶。由于高校的日常生活会使一些

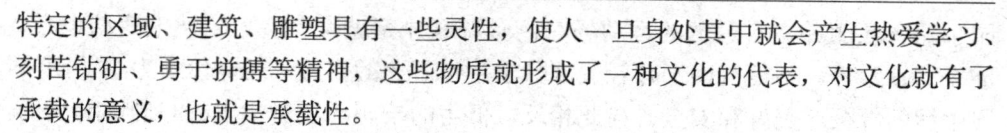

特定的区域、建筑、雕塑具有一些灵性，使人一旦身处其中就会产生热爱学习、刻苦钻研、勇于拼搏等精神，这些物质就形成了一种文化的代表，对文化就有了承载的意义，也就是承载性。

（五）地域性

高校物质文化会因所处的自然社会环境不同而不同。高校作为文化的先锋，会充分地融入周围的环境中，北方的风格比较粗放，南方的风格比较细腻，高校物质文化就会根据周边的情况塑造自己。首先，人文文化是基于当地的客观条件而产生的，物质文化是人文文化的一部分，也应该符合地方的风格。其次，高校物质文化的形成是基于当地的周边社会环境和人的智慧，其带有当地的风格，每个地区都有其独到的特色。所以，各个地方的高校物质文化都包含当地特有的风格。

三、校园物质文化的功能

校园物质文化是校园文化建设的一部分，它是当代学校教育的必然产物，它在培养人才的过程中所呈现的规范功能、心理功能、引导功能、育人功能等，为当代学生形成良好的心理品格与正确的价值观念奠定了坚实的基础。

（一）规范功能

人总是生活在一定的物质环境中。广义的物质环境包括自然环境和居住环境。纯天然的自然环境在高校校园中已很少见，高校校园环境多为人文环境和自然环境的统一。因此，高校校园现行的物质环境无疑浸染着浓郁的人文气息，是人和自然相互影响的结果。正因如此，高校校园物质文化对大学生的思想和行为产生影响与制约作用。整洁幽静、错落有致的校园环境可以使学生心情舒畅、平静恬淡，全身心地投入学习和生活中，从而产生心理上的自足感、自豪感和归属感。优雅的校园环境可以给学生一种心理暗示，使他们在内心深处产生一种对优美校园环境的热爱，进而自觉保护校园环境、抵制破坏校园环境的不良行为。这样，学生就会逐渐形成自律意识和他律意识。

（二）心理功能

校园物质文化潜移默化的影响是大学教育的一种特殊手段和途径。优良的校园物质文化是给学生正面影响的肥沃土壤，既能最大限度地调动学生的主动性和积极性，提高学习效率，又能有效地促进学生心理健康发展和良好心理素质的形成。例如，合理的校园布局、凝聚历史文化及世界文化内涵的建筑、宽敞明亮的教室、宁静而带有书香气息的图书馆、整洁而舒适的宿舍、鲜花与古树相伴的校园小路、壮丽并富有激情的运动场、色彩斑斓并充满青春活力的学生活动中心、洁净的食堂等，不但有助于减轻或消除学生学习上的疲劳，还能使学生感受到学习生活的舒畅、美好和安全。与此相反，低劣的校园环境对学生的心理影响是消极的，甚至带有破坏性。例如，噪声充斥、垃圾遍地的校园环境，会使学生情绪低落，产生压抑、烦躁、厌学甚至自卑等一系列不良情绪。意志薄弱者甚至出现心理障碍、心理疾病，产生悲观厌世情绪，做出犯罪行为等。由此看出，优良的校园环境就像"润物细无声"的春雨，潜移默化地影响着学生的心理，使学生不断完善自我，达到身心健康成长的目的。在当今社会价值观念多元化，高等教育国际一体化加快的趋势下，我国的高校校园无不受到外界环境的影响，而校园物质文化可以说消除社会不良风气的一道天然屏障。

（三）引导功能

校园物质环境的主体是建筑。许多高校的建筑都独具风格和特色，并彰显出历史和文化的底蕴，默默地对学生进行思想品德教育、文化教育和素质教育，引导学生的思想和行为。虽然校园建筑不是大学的主要标志，但如果在建设过程中赋予其特定的人文内涵，它就会成为鲜活的课堂并发挥其独特的育人功能。例如，始建于1920年，在建筑上具有强烈审美感的天津外国语学院"法国罗曼式建筑"的钟表楼，以其浑然天成、优雅无比的特点，充分体现了欧式建筑的风格，对天津外国语学院集世界文化之大全起到了不可替代的作用。当大学生置身于这些自然和谐、错落有致、科学配置的具有深厚世界历史文化底蕴的校园时，他们会时时受到科学和人文精神的熏陶，进而产生热爱校园、热爱集体、热爱国家、热爱科学的思想观念以及正确的价值观、人生观。由此看出，校园环境无时无刻不对学生发挥着导向作用，并且这种导向作用是长期的。

（四）育人功能

艺术鉴赏力和审美能力是大学人文素质教育的重要组成部分。而校园物质环境是培养学生文明行为和审美能力的无声课堂，蕴含着自然美、人文美、结构美的高校校园建筑群，本身就是培养艺术鉴赏力和审美能力的生动教科书。在浑然不觉中，学生得到美的享受和熏陶，艺术鉴赏力和审美能力因而不断提高。这是校园物质文化育人的重要功能。

第二节　高校校园物质文化建设原则

一、方向性原则

高校校园物质文化建设要牢牢把握先进文化的前进方向，体现时代特征，建设先进的现代学校文化。面对世界范围多元文化的冲突，大力弘扬中华民族的以爱国主义为核心的团结统一、爱好和平、勤劳勇敢、自强不息的伟大民族精神，开展健康有益的文化活动，不断丰富学校全体成员的精神世界，增强他们的精神力量。

二、系统性原则

系统性原则是指高校校园物质文化建设是一个系统性工程，很多方面共同形成一个体系。这些方面各显其能，使高校校园物质文化的职能得到充分发挥。高校校园物质文化是一个整体，包括教学楼、图书馆、师生生活区、高校景观等。教学楼和主楼，是高校校园物质文化的标志，是整个校园的"中心思想"，以其独特的风格和独到的文化影响着师生的日常生活。图书馆是一所高校实力的见证，通过藏书能力和建造规模进而表现出该校的文化程度和学习氛围，师生在图书馆学习营造出的学习氛围对高校的文化起到一定的烘托作用；生活区作为课外生活的一个写照，是对教学区和图书馆以外生活的一种总结。"不在课堂身在学校"是一所求知欲强烈的高校生活区的氛围。快节奏、高效率的学生生活，奔走于图书馆、寝室、食堂的"三点一线"的校园文化都将这些独立的场所联结起来。高校景观虽然与科研教学关系不大，但却是校园整体的艺术家，离了校园景观，校园就没有高校的风采，就没有自己的灵魂，就无法衬托出高校的学府氛围。还有很多高校元素，它们都在"系统"中扮演着各自的角色。

坚持高校校园物质文化系统性原则，就是要求我们在建设高校校园物质文化时，整体构思，整体规划，整体设计，在高校领导的统一指挥下，统筹规划，全盘考虑，科学布局，突出重点，努力将校园物质文化建设推向一个新的高度。

三、主体性原则

人是社会的主体，任何社会的发展都无法离开人的决策。高校校园物质文化建设同样是由人做发展的推手，占有主导地位的人就是广大师生。主体性原则就是要充分利用和调动广大师生的爱校热情，激发他们内心的灵感和创造潜质，对高校校园物质文化建设起到关键作用。同时，广大师生广泛参与，使其思想渗透到高校的灵魂中，从而真正形成自己的特色文化。

首先，发挥大学生在高校校园物质文化建设中的创新精神。大学生是高校教育接受者，同时也是高校的中坚力量。青年人思维敏捷，头脑丰富，具有极强的创造力，接受新事物快速，否定消极事物果断，并且具有很强的群体意识。在高校校园物质文化建设中，应该充分重视大学生的创造能力，挖掘大学生的创造潜能，让大学生自发地投入高校物质文化建设中，在实践中学习创造，在现有环境熏陶感染下，进行再学习再创造，把创造的成果运用于高校建设中。

其次，最大限度地激发高校教师的创新热情。高校教师是高校灵魂的缔造者，是高校文化的继承者和传播者，也是高校的主人。高校教师都是才华横溢、知识广博的学者、教授。他们对于事物判断准确，经验丰富，见多识广，而且有很高的道德情操，这些对于全面考虑高校校园物质文化建设都是极其重要的。

四、创新性原则

创新性原则要求高校在深刻掌握社会发展的前提下，从自身出发，结合时代特征，创新自身的内容和形式，不断提高高校校园物质文化的发展潜力。创新是一个民族进步的灵魂，是一个国家兴旺发达不竭的动力。只有不断创新，国家和民族才更具生命力。

高校校园物质文化建设的生命力在于创新，高校只有结合自身的特点，参考别人的长处，才能不断地推陈出新、创造出不朽的生命力。一方面，高校要调动广大师生的力量，充分发挥师生的创造意识，将自己的学问用于高校建设，鼓励师生的创新精神，形成有创新氛围的校园环境；另一方面，高校校园物质文化建设的主体也要不断地创新，高校针对特色物质文化建设要听取多方面意见，以及不同层面人的想法，不能仅局限于专业人士思维，非专业性思维有时也具有一定的创造性，广开言路，集思广益，才能收纳更多具有特色的创新点。总的来讲，无论哪种创新最终都要向"育人"的目标过渡，最大限度地为培育优秀合格的社会人才服务。高校特色校园物质文化建设要不断适应新形势的变化，针对新形势结合自身做新的调整。高校文明是社会的先驱，在自身创新的同时，也要注意对社会的影响。此外，高校创新也要结合自己的历史传统，保护优秀传统的同时，对其进一步研究思考，赋予这些古老文化新时期的意义，使其焕发活力，产生新的动力，为高校校园物质文化发展创造新的氛围。

五、开放性原则

开放性原则指的是高校校园物质文化建设不能在一个封闭的环境下进行,而是在一个开放的环境下进行。

国外很多大学对于校园物质文化建设积累了不少经验,在理论层面上有很大借鉴意义,因此我国可以广泛引进国外成功的办学经验和前沿的理论,因地制宜,取其精华,去其糟粕,推进校园环境建设。高校物质文化建设既要充分体现大学的特色和办学传统,继承发扬学校传统建筑的优势,同时也应积极吸收兄弟高校校园环境建设的经验,取长补短,为我所用,促进高校校园物质文化建设的开放化、个性化、特色化。

国外许多著名的高校校园建筑设计具有鲜明的特色,除了在建筑的设计上创新以外,还借鉴其他民族文化的建筑风格。大学建筑在本质上是一种文化的反映,折射出大学的特色和办学理念。在借鉴外来建筑风格的时候,核心的理念价值是本民族的文化。现代建筑的各种式样丰富了校园环境建设的内容,也增加了建筑样式选择的难度。一般情况下,大学都在努力发掘传统文化,标志性的建筑都是传承的产物。例如,北京大学的校门,清华大学的校门。但也有一些学校在现代建筑艺术发展基础上,大胆地采用国外建筑风格,为我所用。

第三节 高校校园物质文化建设管理分析

一、高校校园物质文化建设现状

(一)高校校园物质文化建设已取得的成果

我国高校物质文化建设取得了惊人的成就,从建设理念到配套设施都产生了巨大变化,全国高校焕发着勃勃生机。例如,在楼体设计上基本突破了苏联时期的设计局限,取而代之的是具有独特气质的前卫风格,这种鲜活理念的引入是前所未有的,对于国人眼界的开阔有重要意义。

绿化方面,摆脱以往的树木绿化,引入青翠的草坪绿化,这在南方的高校是极为常见的;高校的生活区建设也由过去的完全实用主义上升过渡到实用与美学并重的高度,一座座具有本校特色的宿舍拔地而起,不仅是学生居住的场所,更成为高校的一道亮丽风景;图书馆,已经逐步由管理型向服务型转变,现代的图书馆不仅是借阅书刊的场所,更是时尚的生活区,学生们可以在这里尽情地享受学习生活的乐趣;高校的实验室,不再是以前单调的实验室,而是一个学校实力的象征。还有很多实例都可以证明高校物质文化建设取得的成就。高校建设取得的成就说明了党和国家对教育的高度重视，也说明世界已经认识到建筑具有传承文明、承载精神文化的作用。

（二）高校校园物质文化建设存在的问题

校园物质文化沉淀着历史文化的优良传统，也反映出一所学校的价值观念，尤其反映了教育目标的价值取向，蕴含着巨大的教育潜能。学生通过物质景观不仅了解到组织群体的审美情趣，还能从物质景观中领会到特定的文化渊源，使学生的态度、情感和价值观受到潜移默化的影响。然而，当前我国个别大学的校园物质文化建设违背了大学的本质与自身的特色，出现了这样或那样的问题。

1. 局部环境个性化不鲜明

影响校园环境文化品质的一个重要因素，是校园局部环境的个性化程度。在高校中，局部环境雷同的现象还比较普遍，围绕建筑物个性化地营造周边环境，还有较大潜力。

就空间维度而言，在垂直绿化、立体绿化、室内绿饰方面还有很多文章可做；就季节维度而言，未能完全做到四季常绿。以室内绿饰为例，室内公共环境与室外公共环境同等重要，但常常被忽视。

2. 不能因地制宜进行建设

有的高校盲目追求效果，将不适宜校园环境的景观作品搬入校园。一些大学在校园环境建设中，照搬外面的景观，将一些已有的景观或放大，或缩小，或原状搬入校园，这会有抄袭之嫌，从而淡化了它的美感。文化景观重在创新，只有那些新颖、自然和符合地域环境的校园环境文化建设才具有活力，才能对大学生素质的提高真正发挥作用。

3. 忽视了大学生的心理需求

现代大学生对文化景观环境的要求除了要具有知识性、和谐性、对比性等一般审美范畴外，还要有新奇性、丰富性和多样性，他们追求视野开阔、思想深化的东西。比如，不能随便做个塑像就算环境建设，而是要使塑像与高校校园的氛围相适应，大小比例体现美感，并与周围环境相适应。

4. 师生参与程度低

师生参与的含义，既包括师生解读和感受环境文化的行为，也包括师生建设和拓展环境文化的行为。在一定程度上，师生参与程度反映的是环境文化的亲和力，根本原因在于对环境育人功能的认识还不深入，引导师生参与的方式方法还不多。

5. 校园物质文化衍生品开发滞后

在社会资源的争取和发展空间的扩延过程中，大学需要不断提高自身的品牌影响力、校友凝聚力和社会融合力，创意雅致且富有个性化的校园景观纪念品具有不可替代的效力。

6. 整体规划和组织管理水平待提升

校园的每一个点都是立体的，要有长远规划。校园物质文化的整体规划和组织管理水平，归根结底取决于设计者与管理者对环境的认知。人文与自然和谐共存的校园环境文化，需要深刻的文化涵养和视野。

7. 盲目耗巨资进行校园物质建设

一些大学不能根据学校的财力、物力来进行高校校园物质文化建设。有的甚至因为追求美观而挤占教学、科研上的资金。有些大学为了追求新、大、特的特点，在校园内建设占地几十亩的大广场，这样做虽然景色壮丽，给人以冲击力，但壮丽的背后往往会造成投资较大、维护成本过高的后果。

二、高校校园物质文化建设措施

（一）提高对高校校园物质文化的认识水平

高校校园物质文化建设首先要提高人们对它的认识，只有认识到了它的重要性，建设才有意义。

第一，要正确处理好外来文化与本土文化之间的关系。一方面，外来文化具有的个性性格很容易被人们接受，其宣扬的自由文化也备受好评，高校校园物质文化建设需要外来文化为其"特色"服务；另一方面，高校培养的是中华民族的接班人，要有本土文化素养，所以其发展离不开本土文化。高校校园物质文化建设需要外来文化的支持，原因在于：首先，由国际环境决定。中华人民共和国是联合国的常任理事国，在国际外交中扮演重要角色，文化融合是我们重要的使命。其次，高校科研教学信息高速传递，国内外高校科教信息共享，相互交流，使文化传递更为广泛。最后，高校的主流人群是年轻人，对新事物接受速度快是他们共同的特点，可以利用外来优秀文化作为特色文化去熏陶感染年轻人。高校校园物质文化建设需要本土文化的支持，高校诞生于本土，本土文化为本土人，也为本土高校创造，所以，高校校园物质文化建设离不开本土文化。高校特色校园物质文化建设对于本土文化的保护有两点需要注意：其一是保护校园内的古建筑；其二是对于有必要的古建筑要进行二次利用。

第二，要正确处理好高校优势属性与高校主要任务之间的关系。一方面，高校有些本身属性可以以物化的表现形式作为特色展现，而有些则无法展示；另一方面，高校的主要任务是育人与科研。高校校园物质文化建设内容可以体现优势属性，但绝不可以拘泥于优势属性。其一，有些优势属性是无法以物化形态表达的，只能用言辞传达，甚至铭记于心；其二，优势属性只是本校强势学科的代表，并不能涵盖其精神。高校校园物质文化建设应该体现高校主要任务。高校的存在是为了科学研究和教书育人，这两点容易以物化形式体现，并且是最直接、最可靠的环境育人。

处理好这两种关系后，有助于提高人们对高校校园物质文化的认识，高校必须充分认识到高校校园物质文化是校园文化的重要组成部分，建设完美的高校校园物质文化，对于发展中国特色社会主义的先进文化，贯彻落实党的教育方针，培养优秀的社会主义接班人，推进素质教育，促进大学生全面发展，实现教育目标，进一步推动高校自身发展具有重要意义。

（二）加大高校校园物质文化的经济投入

高校建设的经济投入存在两方面问题，一个是经济投入不足，另一个是投入的分配比例不合理。加大经济上的投入、合理的经济投入，一定会使高校校园物质文化建设产生一定的变化，具体从两方面着手。

一个是整体性的经济投入提高，对几个主体项目加大投入：①高校校园物质文化进行的是有灵魂的特色项目，其设计费用和建设费用都应有所提高；②为了更好地开展科研、教学，实现"校园科技风景线"，建设完善各种教学设施，经费应该提高；③校园绿化投入的经费需要加大，个性化建设投入增加，具有感染力的项目投入增加，将校园绿化作为重点经济投入对象，加大适合本地生长的植被购买经费的投入，将校园建设成园林化、公园化。

另一个是加大特定的高校校园物质文化建设的预算。例如，修建具有本校特色的雕塑、图书馆等，单独拨出专门经费，专款专用，形成针对性强的资金投入。建设完毕，及时对各个方面做出总结，找出大学生的学习成绩，高校的科研业绩，以及大学生的就业率与经费投入之间的关系。

（三）完善高校校园物质文化建设的部署规划

关于高校校园物质文化建设规划问题提出如下解决方案，一是高校应该经常组织人员走访国内其他高校，交流学习特色物质文化建设经验，同时要组织人员到国外知名高校参观交流。对于国外的新建筑，要及时做跟踪记录，对其投入使用后，该校学生科研就业等情况做系统分析，找出内在联系，用科学的方法分析该方案是否适用本校，并及时将最新信息传到网上，以便业内更好地交流。二是高校的领导也要组织学习建设规划的相关知识，只有丰富了知识，开阔了眼界，才会更好地进行特色物质文化建设。高校的领导集体应该对高校校园物质文化建设高度重视，在会议中给予时间做充分讨论，并选出经验丰富的领导专门负责。三是高校要与当地政府部门保持密切联系，时刻把握周边建设情况，以便对本校做出相应的调整。鉴于全国各地建设速度快，高校应该关注校园周边变化、提前了解市政区域规划信息，以便在校园规划设计上做出回应。四是鉴于现在中国风水学越来越受到人们的重视，经科学证明风水学有一定的科学性，高校应适当组织研究中国风水文化，提高规划层次。中国风水学并不含有迷信内容，更多的是包含了美学、地磁场等科学。风水学正确合理的应用，会使整个校园从无形到有形都具有科学性，会大大提高校园物质文化建设水平。

对于高校校园物质文化建设的设计问题，一是领导要高度重视设计的实用性和其具有的美学意义，建筑的美学意义在思想传播中起着至关重要的作用，实用性高的建筑也会给人更多亲密感，这些应该得到高校决策者的重视。二是组织本校基建部门和设计部门，研究学习本校校园物质文化发展史，从历史的角度出发，找出可以借鉴的特色物质文化、本校历史是本校发展方向的重要依据，仔细研究本校历史，从中找出本校发展建设规律，从权威的角度仔细研究。三是在建设之初，多招募一些国内外优秀的设计团队，为本校提供技术借鉴，技术上的优越性，是完美建设的保证。现代优秀的设计师往往会考虑到人的感受、人在建筑中起主要作用，扮演主要角色。其设计会充分地展示建筑中的人文关怀，以及在日后生活中人的感受的变化。四是搜寻国内外高校优秀设计案例，尤其是近期的古建筑改造成功案例和节能环保型主题设计案例。改造的经典案例是最值得我国学习的，我国由于发展速度过快，有些建筑资源被浪费，在高校校园物质文化建设中产生了负面影响，变废为宝不仅能解决建筑资源和土地资源问题，更可在人们心中树立起节约的理念。

（四）加大高校特色校园物质文化建设必要性的社会宣传力度

加大高校校园物质文化建设必要性的社会宣传力度，就要向公众展示其具有的"正能量"，使公众认为其成就会给社会带来福音。具体来讲，要做到四点：一是充分展示现有的高校校园物质文化，加大对外宣传力度，使更多的人认识本高校；二是狠抓教学和科研，通过真实的成绩来吸引公众，使之关注高校；三是利用媒体等通信手段宣传高校已有的特色物质文化和未来几年的建设目标，虚心向社会采纳建设意见，进而赢得关注；四是加强本校的思想政治教育工作，用各种方式让本校师生和社会公众在思想上认可本校的工作，间接为高校做宣传。

除了必要的宣传，还要及时控制来自社会的负面影响：一是要控制商业化的高校，要限制高校内商业承包经营；政府调控，统一制定校园物价。限制高校内的商业宣传活动。领导要高度重视高校周边的商业行为，对于不适当的经营要给予取缔。对于商业化对学生成长的危害，要对学生做心理辅导，让学生认清当下最应该做什么，如何正确地规划自己的人生，什么是真正的商业等。二是针对近期来自"楼市"的负面影响，政府应出台相关政策，限制高校在扩建上的经费支出。政府制定合理的高校扩建政策，并且制定科学的高校土地使用规范。政府还应正确地引导高校在这一时期的发展，使其继续保持纯洁性。高校要及时引导学生观看新闻，阅读经济时政，充分地了解经济形势，从思想上对不正常的经济现象给予否定，树立正确的价值观，坚信一切终究走入正轨。三是有效地消除评级制度为高校校园物质文化建设带来的负面影响，政府重点要调整评级制度，调整经费划拨制度，使其与硬件指标关联相对较少，而且要惩罚那些通过评级制度而刻意去改变的"骗"取经费的高校。要让学生在思想上认识到本校的核心竞争力是什么，哪些才是真正的有价值的，哪些只不过是虚名，对学生的价值观要有正确的引导。

多制定一些权威的评级标准（如绩效评级、就业率评级等），使经费划拨制度有多个标准可以参考。为了适应高校科学建设，评级制度的变更应当更为频繁，要适当引进社会力量参与评级。

第四节 高校校园环境规划布置

高校校园环境建设应分别从人文景观、校园区标志性建筑、学习区、生活区和娱乐区等功能考虑。

一、人文景观的建设规划

高校人文景观是相对于自然景观来说的，是指人为规划设计的景观，如雕像、碑亭等。高校人文景观彰显了学校办学理念、历史传统，增强了大学生对学校历史、特色文化的自豪感。在制定人文景观建设规划时，要把握好以下方向。

（一）体现大学发展定位

大学都有各自的建校历史和发展历史，每所高校的建校过程，都有不少动人的故事、非常可贵的精神值得传颂。大学的人文景观设计应该展现学校的发展轨迹，与校史、文化紧密相连。大学的发展定位是大学根据自身的特点和建设情况对发展远景的预期规划，有一定的前瞻性。每所大学都有自己的特色，学科建设、科研成果、师资建设等，都是大学赖以生存和发展的基石。在人文景观设计中体现大学发展定位，有助于打造大学品牌，提升其社会影响力和美誉度。由此，大学人文景观建设要梳理办学历史、总结办学经验，凝练学校的办学传统和大学精神，将人文景观建设于厚重的根基上，彰显高校的文化软实力。通过承载着丰富历史文化意义的景观，大学的文化底蕴和大学的发展定位才容易被感知，可以提高全体师生员工的文化归属感和认同感。

高校重要的历史事件、建筑古迹、办学定位、历史文化名人，都可以成为人文景观设计的源泉。一些高校的历史遗迹经受住了岁月风雨的洗礼，更加充满历

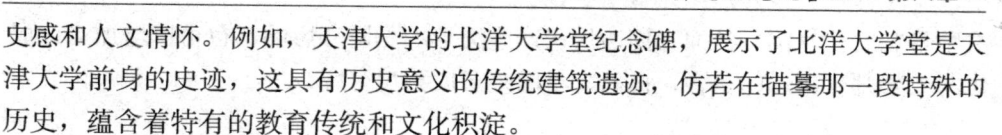

史感和人文情怀。例如,天津大学的北洋大学堂纪念碑,展示了北洋大学堂是天津大学前身的史迹,这具有历史意义的传统建筑遗迹,仿若在描摹那一段特殊的历史,蕴含着特有的教育传统和文化积淀。

(二)营造大学文化个性

知识经济时代价值多元、文化丰富、个性明显,人文景观建设也需要体现特色,张扬个性。大学在人才培养、社会服务、科学研究和文化传承创新等功能上,都包含着丰富的价值理念,大学的人文景观也体现着大学的价值取向和治学精神。因此,人文景观建设要符合大学建设和发展需要,彰显自己独特的个性,这是人文景观建设灵魂之所在。大学文化个性可以通过建筑雕塑、园林景观等物质形态来表达,设计中应该保持大学独特性的文化个性。特色和个性要与环境有机结合,也应该考虑文化传统的传承创新。

建设体现大学文化个性的人文景观,可以通过综合运用其场所语言,使大学精神能够延伸,营造一个可以陶冶情操、净化心灵的场所。大学景观设计要与师生员工的审美情趣相适应,要适应现代人逐渐提高的审美能力。要彰显大学文化个性,避免过度模仿及生搬硬套现象。让学生在学校徜徉漫步,既能给人独特的视觉体验,又能让人产生思索和思考。

(三)传承地域文化

地域文化是大学文化赖以生存的土壤和基石,对大学文化的影响深远。有着地域特色的景观环境,可以增进广大师生员工对学校所处环境的了解和认同。在这种情形下,尊重民俗,传承地域文化显得尤为重要。

大学与所在的地域具有相辅相成、密不可分的互动关系。大学人文景观是学校环境建设的重要组成部分,也是所在地域的组成部分。不同地域的高校,其办学或多或少都会受到地域的影响,也会留下所在地域历史文脉的印迹。

大学应积极主动地了解当地历史文化、民风风俗,在校园景观的整体规划和设计中要尊重地方历史文脉。设计的人文景观要体现地域性,体现文脉的连续性。保护历史遗迹和已有的建筑文物,结合大学的特色风格,同时运用所在地域的民风民俗和自然元素,将校园建设成为与地域共处和谐的景观环境。同时,大学文化要在地域中发挥积极的导向、渗透、引领作用,推动地域的进步和发展。大学作为思想文化创新的重要源泉,是科技进步的"孵化器"和社会进步的"加速器",是经济发展的"加工厂"和"思想库",要不断追求更高层次的理性精神,不断创造更先进、更优秀的文化成果,积极主动地在服务和引导社会中做贡献、促发展。把体现大学精神的科学态度、道德标准、价值观念等传递到校外,影响和感染他人,实现与社会发展的良性互动。让校外的人员充分感受大学的人文情怀和文化氛围，从而对周边居民产生无形的熏陶和影响，也可以增加当地居民与大学师生沟通的机会，提高大学的知名度和美誉度。

二、校园区的标志性建筑设计

（一）校园区标志性建筑的文化设计

高校校园标志性建筑是高校校园文化精神的外在集中反映，是园区建筑布局的灵魂和统领性建筑，其含义之重大，影响之深远，是其他校园建筑无法比拟的。其地处校园中心部位或中轴线之上，更引人注目，其文化含义之辐射力更为集中和广泛，故对其文化内涵的开发尤显重要。

设计中应把握好以下要点：

一是要体现意识形态与学术特征的结合。我国高校校园是社会主义精神文明建设之重要场所，是培养社会主义建设者和接班人的场所，故强调标志性建筑的意识形态取向要考虑其文化内涵，恢宏、开阔、向上、进取便成为首先要考虑的美学特征。同时，高校是以其崇高的学术地位来完成精神文明建设任务的，故在强调标志建筑的意识形态取向的同时，必须与其学术地位相结合。在强调其恢宏、开阔的特征之外，亦须考虑增添其崇高、肃穆的权威感，亦可适当附加建筑物来凸显其学术领域的特征。

二是要体现科学精神和人文关怀相结合。高校的重要任务是探索真理，破解自然、社会、思维之谜，一代又一代学人呕心沥血、焚膏继晷，在追求科学、探索真理的道路上艰难跋涉，付出了毕生的精力。何谓科学精神，简言之，就是一种实事求是的态度，宽容兼收的学术情怀，铁面无私的理性精神，尊重实践的科学作风。在标志性建筑美学特征上要体现出严谨性、条理性、逻辑性来烘托对真理的尊崇和追求。但科学精神并非如钢铁和泥石般否定人生之生命的存在、否定其人文精神的扩展，同样要体现出对人的情感、需要的尊重，体现出对人性的关怀。所以在校园建设中，人文精神尤显重要。国内外高校的标志性建筑中虽不乏用现代化材料和手段来体现科学对自然的胜利之主题，但也不乏体现在高科技时代，人对其与自然关系的新思考。玻璃幕墙、铝合金门窗固然显示了新技术的力量和气派，但常青藤和爬山虎也未尝不能显示人类对自身命运的严肃思考和深层反思。

三是要重视体现集体主义精神和弘扬个性的统一。我们应清醒地认识到集体主义精神仍然是社会主义阶段的道德要求和价值取向，所以在标志性建筑中要充分体现集体主义精神。但随着社会生产力的不断发展，追崇和仰慕更好的和完善的人格同样是校园人的追求，在新的历史条件下，个人被尊重，个性得到发展。把握好这二者的结合是高校校园文化建设的重要课题。

（二）校园区文化氛围的营造

如果说校园区标志建筑是高校校园文化的重要载体，那么校园区文化氛围便成为高校校园文化的重要灵魂。高校校园文化建设就是通过设计好校园区标志性建筑和营造好校园区文化氛围这一系统的铸"体"造"魂"工程来推动校园文化建设的。

校园区文化氛围不能凭空产生，它必须借助一定的物质或活动载体来营造和传播。物质性载体主要包括：一是校园区标志性建筑。二是校训、校风、校歌、校徽等主体文化作品，高校校园文化正是通过这一系列主体文化的设计和创造来创设其文化氛围的。比如，美国哈佛大学1636年建校时所使用的校徽上面的拉丁文字"VEITES"（真理），拉丁文校训"以柏拉图为友，以亚里士多德为友，更要以真理为友"沿用至今，更是激励了数万哈佛人对真理的执着追求。三是橱窗、广播台、校刊、校报等宣传园地。高校要充分利用校园区各种宣传园地来传播和营造健康向上的文化氛围，以文载道，以文传道，弘扬主旋律，鞭笞不和谐音。

此外，在校园内开展各种主题教育或寓教于乐的活动，也是营造校园文化氛围的重要载体。

三、学习区的文化场景布置

学习区，主要指教室、实验室、图书馆及其附近区域。创造一个文明高雅的学习区文化，是校园文化建设的重要内容。校园人只要置身于其中，就能感受到这种特定的亚文化对其心理、思想、行为的影响，产生由"观景入情"至"由情入理"、由"形象思维"到"理性思维"的升华过程。

学习区文化场景布置应体现恬静优雅和治学严谨的学习区文化主题。具体来说，一是要创造好的学习环境，无论是教室、阅览室还是实验室，一定要在"整""洁""静""雅"四个字上下功夫，给人以自然美和艺术美的享受，只有身心愉悦，高质高效的学习和教学才有前提条件，倘若学习区使人心烦意乱，其效果可想而知。二是要创设治学严谨和知难而上的求学氛围。一般来说，这种氛围的营造主要通过在学习区选择合适的名人名言，以字画的形式布置在学习区，给人以智慧和人格力量的震慑，倘若学生在学习马虎时映入眼帘的是"业精于勤荒于嬉，行成于思毁于随"的字幅，在学习遇到困难和挫折时看到的是"一个人无论处在什么样的环境里，总可以通过自己的不懈努力达到比较完善的境界"的至理名言，这对他们肯定有不小的教益。值得注意的是，学习区文化氛围的创设应把握好其针对性和有效性，不同院校、学科、专业在内容选择上应有所区别，切勿隔靴搔痒。

四、生活区的文化场景布置

高校生活区是广大校园人进行休息、生活的场所和区域,它的文化场景布置有别于教学区和中心校区,这同其功能和作用不同有关。但高校的生活区同样是校园文化建设的重要阵地,虽有别于教学区和活动区,但却有其独特而不可替代的功能,它是以潜移默化的道德渗透、修身养性的心理优化、无声浸润的审美养成来全面提高校园人特别是高校学生素质的。生活区的文化场景布置一般应遵循以下原则:

(一)要促进校园人的道德完善和自律

生活区的文化场景布置应体现集体主义精神,培养校园人的社会认同感,其错落有致的园区建筑组合,遥相呼应的景致特点较能体现出上述要求。场景布置要体现整齐划一与气韵生动的结合,整洁有序与生命节律的统一,自然景观与人工重组的一致,只有做到这些,才能使生活于其中的校园人在耳濡目染中接受社会主流道德观念的影响,形成良好的道德养成氛围,具有较高的道德品位,逐步明确个人与群体、个人与社会的关系,形成正确的道德观。无法想象在卫生环境脏、乱、差,生活场景秽污不堪,生活建筑不甚规范有序或呆板生硬的区域中能培养出有高尚道德情操的社会主义新人。所以,要注意提高生活区的文化品位、文化场景所暗示或规范的道德要求,有时,哪怕是一只小巧整洁、放置合理的废物箱,一群悠闲地在地上啄食的鸽子,也能给校园人以无形的道德约束力和感染力。

(二)要促进校园人的心理优化

我们所处的是一个充满竞争和压力的社会,也是一个变幻莫测、飞速发展的时代,高校也不例外。生活区的文化场景布置应有助于校园人的心理优化,即通过审美、娱乐、竞技等方式来优化心理,促进人格的健全与完善。在此方面,应注意两个方面的结合:一是注意营造恬静优美的环境,在宿舍区、就餐区、休息区内,使校园人能从中感受到温馨柔美的文化气息,缓解因学习、工作而带来的心理紧张和压力,调整心理状态。二是借助充满动感和活力的景点和物件设置,来鼓励和暗示个体成员通过恰当的活动方式达到宣泄情感、化解心理困境的目的。

(三)在潜移默化中提高广大师生的审美自觉

高校校园文化的高层次表现之一,即校园人具有较高的审美感觉,其建设重在培养高雅的审美趣味,树立高尚的情操。由于在生活区中,校园人的心理状态比较平静、悠闲,这正是审美活动开展的极好时机,文化场景的品位高雅,布局

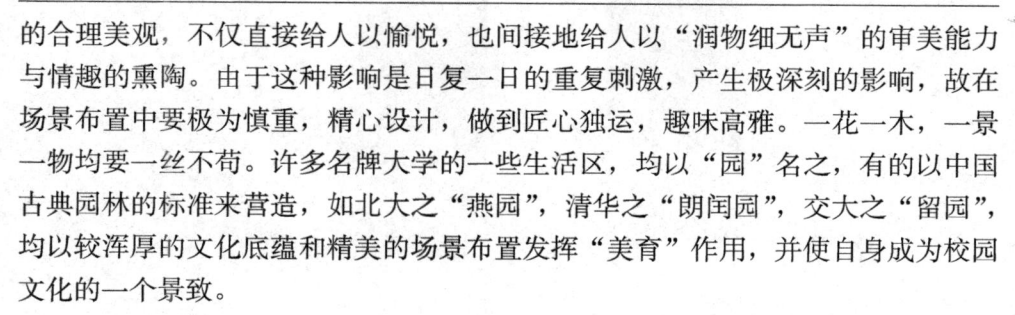

的合理美观，不仅直接给人以愉悦，也间接地给人以"润物细无声"的审美能力与情趣的熏陶。由于这种影响是日复一日的重复刺激，产生极深刻的影响，故在场景布置中要极为慎重，精心设计，做到匠心独运，趣味高雅。一花一木，一景一物均要一丝不苟。许多名牌大学的一些生活区，均以"园"名之，有的以中国古典园林的标准来营造，如北大之"燕园"，清华之"朗闰园"，交大之"留园"，均以较浑厚的文化底蕴和精美的场景布置发挥"美育"作用，并使自身成为校园文化的一个景致。

五、娱乐区的活动场景布置

娱乐区，主要是指开展文化、艺术、体育活动的区域和场所，它包括礼堂、活动中心、体育场馆等。这个区域的活动通常有讲座、演出、比赛等形式。这个区域的文化建设：一是要体现思想性。各种文化、艺术、体育活动的开展，不能只是为娱乐而娱乐，应有一定的思想教育内容深入其中，这是高校校园文化建设的内在要求。此外，在竞技比赛中的团结拼搏精神以及公正裁判的作风，也是极富教育意义的。二是要体现娱乐性。这是娱乐活动的本义，毋庸讳言。三是要体现现实性。不同的高校有不同的学科背景和物质资源，而且其校园人的实际需要也不尽相同，这就要求我们要从实际出发，因地制宜地开展好各种寓教于乐的活动。这里强调的是，娱乐活动的文化场景设置，既是文化，也是艺术，更是开展好各种娱乐活动不可缺少的部分。

第九章 高校校园行为文化建设管理

第一节 高校校园行为文化概述

一、高校校园行为文化的相关概念

（一）行为

行为是指人们本能地回应内部或外部的某种刺激的活动和自觉地为了某种需要而进行的有目的的活动。也可以说，行为是人们通过内在的生理和心理作用而产生的本能和自觉的外显性活动。行为是人和环境相互作用的产物和表现。

（二）校园行为

校园行为是指在教育系统中长期形成的并通过校园主体的活动而展示出来的文化行为的总和。它是指师生员工在学校教学、科研、学习、生活及文体活动中所表现出的精神状态、行为操守和文化品位，它是学校作风、精神状态和人际关系的动态体现，也是学校精神、价值观和办学理念的动态反应。

（三）校园行为文化

校园行为文化是指广大师生在校园的工作、学习和生活之中所贡献的，有价值的，对校园文明、文化以及学校发展有促进作用的经验及创造性活动。高校校园行为文化是学校优良校风、精神风貌、人际关系的动态体现，也是校园精神、办学理念、师生综合素质的折射。良好的校园行为文化，可将文明内化为师生员工的思维方式和行为习惯。可以说，校园行为文化建设的好坏，直接关系到学校师生工作、学习积极性的发挥，关系到学校教育事业的发展。

二、高校校园行为文化现状

高校校园行为文化本身可以细分为政治行为文化、纪律行为文化、道德行为文化、学习行为文化、生活行为文化、交往行为文化、消费行为文化、网络行为文化等，囊括学生在校园一切表现。其中大部分行为符合社会发展的潮流和趋势，透露出大学生积极进取、健康向上的一面，同时也有待改进，在继承传统和改革创新中做好平衡的一面。

在政治行为文化方面，学生能够积极"关注国家和社会的前途"，养成了胸怀"国家和民族大义"的文化心态，关注国际时局。但在实践中政治行为不成熟，感性有余，理性不足，自控缺乏，冲动等现象时时存在，爱国心容易受到外界的蛊惑和利用。

在纪律行为文化方面，学生能够清楚地认识到纪律对一个集体和个人的重要性，养成了学习纪律、熟识纪律、维护纪律、知错能改的良好文化心态，但是在遵守纪律方面存在个人"开后门"现象，对于他人违纪口诛笔伐，对个人则放宽标准，缺乏约束，违纪后自我辩护行为普遍化。

在道德行为文化方面，作为社会受教育较高的群体，继承了我国传统社会美德的精髓，能够实现团结互助、相济共勉等普世的道德规范目标，但是在道德规范的理解上却存在巨大差异，潮流、时尚等观念减弱了传统道德行为的执行力，导致大学校园出现"课桌文化""厕所文化""墙壁文化"等现象。

在学习行为文化方面，多数学生学习态度端正，能够认识到在校期间的任务是学习科学文化知识，关注学习成绩和效果，做到严谨治学、积极敬业、深入钻研、理论联系实际，形成了以报效祖国，服务社会，成就自我为标准的求知欲望和学习动力。由于受中学传统教育模式的影响，大学生在学习上也存在"机械学习""考试学习"等现象，唯课程安排、唯考试要求的学习概念。

在生活行为文化方面，分为物质行为文化和精神行为文化两个方面，整体来讲，时代的进步给学生的生活行为带来了巨大的变化，物质生活从温饱走向享受，精神生活从单调走向多元化。但是大学生对生活行为的选择出现跟风现象和庸俗化，缺乏必要的理性选择，因此营养越来越好，身体素质却不见提高，知识越来越多，文化越来越低，学生中"快餐文化"盛行，心理问题频发。

在社交行为文化方面，严格来讲，交往属于生活行为的一部分，在传统教育体制影响下，目前已经成为大学生校园行为文化中最需要弥补的重要部分。大学生社交愿望强烈，社交范围宽泛，社交内容繁杂、形式多样，展现出大学生活力的一面，同时也存在交往动机不纯，交友不慎，交往基本规范和底线不清等现象。

在消费行为文化方面，大多数学生消费能够做到量入为出，自我开源节流，制定合理消费规划，具有较为前卫的消费理念。同时存在激情消费，人情消费因素，资金分配上享受观念强于发展理念，资金多来源于父母，缺乏合理的权衡。

在网络行为文化方面，大学生网络行为已经成为现今网络行为文化的主流，网络已经成为校园行为文化的重要载体和阵地，大多数学生能够正确看待网络、应用网络，在网络中遵守基本的法规和道德要求，充分利用网络给生活带来的便利，有效利用网络促进个人发展。同时部分意志力薄弱的学生沉迷网络，影响了正常的人际交往和生活，造成行为方式异化、道德缺失等现象。

第二节 校园行为文化建设的内容和意义

一、校园行为文化建设的内容

高校校园行为文化建设主要包括学术文化建设、科技文化建设、艺术文化建设、阵地文化建设和网络文化建设等几个方面。鉴于学术科技文化建设和网络文化建设的重要性，在后续章节将会重点探讨。

（一）学术文化建设

大学是探讨高深学问的场所，是知识的殿堂。在这里，真正受尊重、受推崇的是真理与学问。因此，学术文化是校园文化建设的主体内容，它体现了一个学校的学术特色，反映了一个学校的学术水平。学术文化建设作为校园文化建设的重要任务，要从创办专题学术讲座，开展读书研究，鼓励学生创办校内刊物三个方面下功夫，建设具有自己特色的校园学术文化。

（二）科技文化建设

随着培养大学生创新精神和实践能力工作的深入，各高校越来越重视学生的科研活动和学术研究。通过组织学生参加全国"挑战杯"科技作品竞赛、电子设计大赛、创业设计大赛等科技活动促进学生学术科技水平的提高，从而形成浓厚的学生课外学术科技活动氛围。大学生在这类活动中从事各种学术探讨、科学研究、有助于加深理解课堂所学知识，有助于培养科研能力、创作能力。同时，还能够培养许多优秀的个性品质，如严谨的科学态度、顽强的毅力、踏实的工作作风等，有助于个性的全面发展。

（三）艺术文化建设

艺术文化建设在高校校园中文娱活动日益普遍。没有文娱活动的高校校园是不可想象的。目前，高校校园中最为流行的文娱方式包括舞蹈大赛、卡拉OK大赛、演讲比赛、辩论赛、书法比赛、征文比赛、摄影大赛、模特大赛、文艺晚会等。将文化素质教育渗透到校园文化艺术活动中，使学生从中受到教育与陶冶，提高其文化艺术修养和人文素质,努力提高校园文化品位。但是,往往有部分学生沉迷于各种时尚的文艺活动中,耽误了学习。因此,高校要加强引导和管理,使文娱活动步入正轨,起到引导作用。

(四)阵地文化建设

成立学生科技活动中心、学生心理咨询中心、健身健美娱乐中心、学生勤工助学指导中心、学生计算机技术指导中心和文学艺术创作中心等全校性的学生活动中心,为丰富学生的课外生活、培养学生的创新意识和实践能力提供广阔的空间,同时狠抓社团组织建设,使其丰富校园文化,充实学生课余生活,培养学生爱好兴趣,陶冶学生思想情操,引导学生投身社会实践,提高学生专项技能。

(五)网络文化建设

目前,互联网已经成为大学校园生活不可或缺的部分,它对高校师生员工的思想观念和日常生活产生深刻的影响,但同时它使传统的校园文化建设在思维方法和工作方式等方面面临严峻的挑战。在这种形势下,高校要加强网络文化建设,建立健全网络管理制度,抢占思想舆论阵地的制高点,用正确、积极、健康的思想文化占领网络阵地。

二、校园行为文化建设的意义

校园行为文化是指学校在建设和发展的历史实践过程中,伴随校园人在创造校园物质财富和精神财富时进行的全部活动和外在动态反应。它主要包括校园人在学校教育、教学、科研、学习、体育、娱乐及生活等活动中所表现出来的精神状态、行为操守和文化品位。它是校园人作风、精神状态和人际关系的动态体现,也是学校精神、价值观和办学理念的动态反应。校园行为文化建设是校园文化的重要组成部分,对校园文化建设全局具有重大的意义。

(一)校园行为文化是校园文化的主要组成部分

校园文化可分为四个层次:第一层次是物质文化,主要是指校园物质环境,这是精神文化结晶方式的实体存在;第二层次是制度文化,主要是指各项校纪校规、道德规范与行为准则、人际交往活动的方式;第三层次是行为文化,主要是指师生员工的行为习惯、生活方式、各类群体、社团的活动以及在此基础上表现出的校风、班风、学风等;第四层次是精神文化,主要是指师生的世界观、人生观、价值观和审美情趣等。其中行为文化是校园文化的晴雨表和校园的"活文化",是校园人在校园内进行各种活动或行动时的动态反应,主要在教风、学风和工作作风上表现出来。在以上四个层次中,校园行为文化具有不可缺少和其他文化无法替代的地位。以上四个层次紧密联系，其间存在对立统一的辩证关系，并不能孤立存在。首先，校园精神文化必须通过校园行为文化来体现。作为一种精神文化形态，校园精神文化需要校园行为文化这个"活文化"来诠释。行为文化直接展示一所学校校风、教风、学风，直接展示学校师生员工的精神风貌，为校园精神文化做出最真实的诠释。其次，校园制度文化需要通过校园行为文化来检验。校园制度文化主要是学校为规范和约束校园人在校园内行为而制定的各项规章制度。它对校园人形成良好的行为习惯和生活方式起到了积极引导作用。校园制度文化建设是否科学，是否适应时代要求，可以从校园行为文化得到检验。最后，校园物质文化需要校园行为文化来促进。一方面，校园行为文化可以直接提升校园物质文化，引导校园物质文化向更具文化品位的方向发展。另一方面，校园物质文化的提升也为校园行为文化活动的开展提供了更加优良的空间。

（二）校园行为文化是满足师生精神文化需求的重要形式

愉悦身心是校园行为文化的一个重要作用。大学校园内的师生活动之所以令人神往，主要归功于丰富多彩的校园文化活动，尤其是艺术、娱乐、体育类的活动。随着科学的进步和我国经济的高速发展，社会对大学生提出了越来越高的要求。广大学子为了适应社会需要而争分夺秒地学习科学文化知识，有巨大的学习和竞争压力，因此，如何防止和缓解这种压力过大而产生的负面效应，如何劳逸结合地提高学习效率便成了现实问题。事实证明，"三点一线"的机械的生活方式与大学生特定的年龄特征、心理特征大相径庭将使大学生活毫无乐趣可言。丰富多彩的校园文化活动，如打球、听音乐、下棋、排戏、参加文艺晚会等，就使校园生活变得生机勃勃起来。它使师生在紧张的工作、学习之余得以休息，进而以更充沛的精力投入新的工作学习中。不仅如此，校园行为文化也是满足师生精神文化需求的重要形式。由于高校聚集着具有较高文化层次的群体，他们对精神文化的需求比普通群体更加旺盛，更加多样化。这就需要有形式多样、层次内容各异的校园文化活动来满足这种需求。正是由于高校人群的特殊性，高校校园文化活动一般都呈现出知识智慧含量高、思想教育性强、格调高雅的特征，这与社会大众文化活动有明显的区别。

（三）校园行为文化是提高学生素质的重要途径

高校举办丰富多彩的校园行为文化，可以弥补课堂教学的不足，将两者有机地结合起来，有利于共同提高学生素质。首先，校园行为文化能促进学生素质的全面提高，特别是在提高学生的思想道德素质方面，校园文化建设能起到课堂起不到的作用。校园行为文化在学生中间开展，满足学生的实际需要，将素质教育的内容渗透到丰富多彩的活动中,将理论运用于实践,潜移默化地进入学生的心灵。同时,由于大部分校园行为文化都是学生主动参与,并且大多以现实生活为教材,因而更容易和学生思想发生共振。如果选材得当,效果比课堂教育更好。在提高学生的科学文化素质方面,校园行为文化同样起着重要的作用。大学生抓住课外文化活动的机会,努力丰富自己、完善自己。其次,校园行为文化是培养能力的主战场。大学生作为社会的一员,要适应未来社会发展和竞争的需要,他们应该具备生存和发展的多种能力,如观察分析问题的能力、表达能力、组织协调能力、人际交往能力等。这些能力的培养不是单纯的课堂教学活动可以完成的,组织参加各种校园行为文化才是培养和锻炼这些能力的最佳途径。即使是专业技能的培养,校园行为文化也能起到重要的促进作用。课堂教学使大学生获得了一定深度的专业知识和其他知识,但如果将所学知识转化为应用于实践的能力,仅靠教学计划内所规定的有限的实践活动是远远不够的,还需要校园行为文化这个锻炼人的舞台。

(四)校园行为文化是师生了解社会的重要载体

大学常被人们称为"象牙塔"。但随着社会的发展,我国各个层次改革事业不断推进,社会主义市场经济体制进一步走向成熟,作为社会的一个有机体,大学必将被完全地纳入社会轨道,社会和大学必将更加深入地相互融合、渗透。从孤芳自赏的象牙塔中走出来,了解社会,适应社会的发展变化,发挥自己在社会主义各项建设事业中的作用,是时代对高校及其师生生存和发展的基本要求之一。事实上,高校的师生一直怀有这方面的强烈愿望,但由于教学内容的固定性、连贯性和滞后性等原因,他们不能很好地完成"融入社会"这一任务。而校园行为文化则具有灵活性、敏感性的特点,使它能够成为师生了解社会的载体。比如,"现场或模拟法庭""模拟股市""现场模拟招聘"社会考察等也对师生了解社会、走向社会起到了十分重要的作用。

(五)校园行为文化对社会文化建设具有重大促进作用

校园文化是一种亚文化,它吸收、融合了社会主导文化,又直接或间接地改造社会主导文化。校园是知识分子的密集区,它不断地创造新文化,产生新思想,因此,创造性和先进性就成为校园文化的主流特质。这种高水平的文化与高校周围社区乃至更大范围内的文化状况形成差距,也就必然带动这些社区的文化发展。事实上,举办丰富多彩的校园行为文化已经成为现实的社会文化建设的重要途径。例如,很多高校的学生或学生团体和周边的社区结成文明社区共建单位、高校师生参与社区活动等,大大促进了社会文化建设。同时,校园行为文化是潜在的社会文化建设的途径。大学生是校园行为文化的重要组织者、发起者和

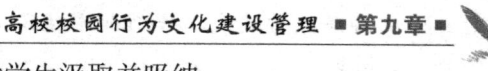

参与者，校园文化的精华必然会被每一个大学生汲取并吸纳。

第三节 校园行为文化建设管理分析

一、高校校园行为文化建设中存在的问题

（一）活动急功近利，流于形式

随着社会主义市场经济的发展，社会多元的价值取向对校园文化的价值冲突起到了推波助澜的作用。一方面，社会更多的是以物质性来作为评价和衡量的标准，以至于校园活动也随波逐流，重形式排场，忽略了活动本身的教育和文化价值以及对学生价值观的引导作用。在相关调查中，有一个问题为："你认为开展一项活动的成功与否与什么关系最大？"答案有"钱与物质支持""师生的支持""其他"。调查结果中，有52%的学生选择了"钱与物质的支持"，这说明在师生中唯物质的思想比较严重。另一方面，现在很多学校的课外活动都是在应付上级的任务，领导只重结果，而师生疲于应付，很多学生觉得活动对自己帮助不大，不愿意参加活动，使得很多正常的教育活动流于形式，无法取得预期效果。

（二）学生知行不一，社会公德和责任意识不强

在相关调查中，大部分学生认同国家和集体的利益是第一位的，但在实际学习和生活中却出现了偏差，许多学生对他人和社会的要求较高，却以自我利益为中心。调查中有一个问题为："你在路上发现了一个钱包，里面装有银行卡和100元现金，你会怎么做？"调查结果中，有32%的学生选择"现金留下，其他设法归还"，而选择"尽快想办法全部归还"的只有48%，这在一定程度上说明当下有部分学生受社会不良风气影响，义利观模糊，在社会公德和个人利益取舍间逐渐形成了以个人利益为中心的一种趋势。此外，调查中问及"宿舍熄灯后仍有同学继续上网玩游戏，你认为这种行为怎么样？"有65%的学生选择"小声点，尽量不影响他人"，这说明很多学生并不认为这种行为会真正影响别人休息，甚至认为这是个人行为，与他人无关。通过调查分析不难看出，部分学生在日常生活中，对自己和集体采用了双重标准，社会公德和责任意识不强，希望"人人为我"，但却无法真正做到"我为人人"。

（三）教职员工素质参差不齐，言行表率不足

作为教师，不仅要言传，更要身教。然而，目前许多高校教师素质参差不齐，言行表率不足。一方面，很多高职院校为了满足提升学生技能的教学要求，

从各行业的一线大量聘请专业技术人员到学校任教，这些现场技术人员并没有受过专业的教师技能和素养培训，部分人员言行无法适应高校教育的要求，如课堂上抽烟、讲粗话等一些言行甚至会直接削弱对学生的正面引导。另一方面，在学校中除直接与学生接触的专任教师和学生工作人员外，还有很多其他岗位的职工，随着高校后勤集团化的改革，很多岗位都属于聘任制，这些职工并没有严格按照教师的标准来要求自己，但他们的言行却直接影响着学校教师在学生心目中的形象。如果这些问题没有较好的制度进行约束，将在很大程度上削弱高校的教育效果。

二、加强高校校园行为文化建设的对策

校园行为文化与大学生日常行为既相互促进，又相互制约，行为文化影响和引导学生行为举止的发生，学生日常行为也体现和反作用于校园行为文化建设。因此，要建设好高校校园行为文化应从以下几个方面入手：

（一）挖掘校园行为文化内涵

行为文化是精神文化的外在体现，其自身也有丰富的内涵，应得到及时有效的挖掘。任何一项活动的开展都必须有一个主题，大学文化活动也需要有一个主题，切勿盲目随从。任何一所大学校园文化积淀的过程中，校训是具有代表性的，最能反映校园文化的灵魂与精髓。例如清华大学的"自强不息，厚德载物"，北京大学的"爱国、进步、民主、科学"，浙江大学的"求是创新"等，这些校训无疑对校园文化的发展产生了深远影响。各学校应更好地把校园核心的价值渗透到所有的校园文化活动中。因此，高校应自觉地把校园精神融入社会活动中，使活动真正成为校园精神的一个载体，并通过活动的开展更好地巩固校园精神。只有这样，高校培养出来的学生才能更好地将这些优秀的品质辐射到社会中，促进精神文明的良好发展。

（二）丰富拓展行为文化

针对当前大学生思想行为特征与心理特点，可加强社团文化与宿舍文化建设，以进一步丰富拓展校园行为文化。多样化的社团文化，对学生具有很强的吸引力，是内化学生思想很好的载体。社团文化活动按性质和功能区可分为政治理论类、道德实践类、科技创新类、文学类、艺术类等。近年来，政府各职能部门都很重视学生社团建设，教育主管部门尤其重视学生社团的建设，积极采取各级各类评比，促进社团的健康发展，如每年举办社团文化月、评选"优秀社团"、评选"社团先进个人"等活动，值得推广。

（三）正确引导互联网文化发展

网络文化是校园行为文化建设的一个平台，加强网络文化的监督与引导，有利于促进大学生行为发展。随着学校信息化建设步伐的加快，绝大多数高校已经实现了教学区、图书馆、学生宿舍区网络交互。近几年的调查数据显示，70%的学生每周上网时间为6~10小时，网络成了师生生活中不可或缺的重要交流平台。但网络本身具有的虚拟、隐蔽等特性也给网络文化的健康发展提出了新的挑战。一些不良信息充斥网络，在一定程度上影响了高校教育。因此，高校应主动地占领网络阵地，做好网络思想政治教育工作，提高师生抵御不良文化的能力。据调查，目前许多高职院校虽然都有自己的思想政治教育网站，但是内容不吸引学生，甚至有些高校为了减少麻烦直接关闭了校园讨论平台，这些都无法真正满足学生的需求，高职院校管理者应主动参与到网络中，通过学生喜闻乐见的形式，有效地开展工作。

（四）积极引进社会行为文化

当前，许多高校都采用以就业为导向的教育培养模式，从终端市场的需求出发，在教育教学过程中让学生真正地学以致用，提高就业核心竞争力，这对于学生的成长是很有意义的。学校应以更加开放的视角引入更高层次的文化，提高学校的整体文化品位。在引入文化的过程中，高校应注重"服务地方经济发展"的导向，从文化融合角度汲取地方文化的精华，借助地方文化的优势来提高自身文化的水平。

第四节　高校社团文化建设

一、高校社团文化理论

（一）高校社团文化的相关概念

1. 社团的含义

社会团体，简称社团，是社会成员为某些共同之处而结合起来的社会性共同体，是我国当代政治生活的重要组成部分。社团是人类交往、分工与合作不断发展的产物。因而，它对促进人与人之间交流、合作与相互监督的理性化、组织化和制度化发挥着重要作用。我国的社会团体是指中国公民自愿组成，为实现会员共同意愿，按照其章程开展活动的非营利性社会组织。社团具有非政府性、民间性、非市场性、社会服务性、独立性和自愿性等特征。

2. 高校社团的含义

高校社团是指具有共同志向、兴趣、爱好、特长、信念、观点的在校青年大学生为了共同的目标与理想，经学校职能部门同意并按一定的程序成立的，自发组织起来的相对独立地开展活动的群众性团体，以文化、学术或公益性为主的学生群体。

大学生社团日益成为高校中具有重大影响力和凝聚力的群体，是高校第二课堂的重要组成部分，是社团成员在社团文化活动中加强能力培养提高综合素质的有效途径。在校团委和社团联合会的正确领导下，各高校社团能够在校园内卓有成效地开展具有鲜明特色的政治教育活动，极大地调动成员学政治理论、把理论应用到实践中的积极性，并在学生群体中起到先行示范作用。另外，广大社团成员的参与意识也很强，不但主动地参与到各社团的招新活动中，还积极投身于社会公益活动，不断为社会进步、国家发展做贡献，参与各种志愿服务活动。

3. 高校社团文化的含义

高校社团文化是指高校社团在长期的活动中所创造的精神财富、文化心理氛围及承载这些精神财富、文化心理氛围的活动形式和物质形态，是高校社团物质财富与精神财富的总和。

社团文化可分为物质层次和精神层次两大层面。物质层面是社团文化的表象，由一系列有形的文化因素组成，包括社团的文化阵地、队伍建设、社团标识、社团的各种规章制度、行为规范等；精神层次主要包括社团宗旨、社团形象、社团价值观、社团精神、社团品牌等。社团文化是一种精神力量，正如一个没有精神的民族不可能是一个伟大而长久的民族一样，一个没有精神动力的社团不可能成为一个一流的社团。社团的生命力首先是其文化的生命力。

（二）高校社团文化的功能

1. 教育、培养功能

学生通过参加丰富多彩的社团活动来接受教育，在活动中心理品质、道德修养都得到提高，使学生们对党的认识就更深一层，对党的热爱就更进一步。

2. 素质拓展功能

学生社团作为校园文化的重要载体，为大学生素质教育的开展和创新能力的培养提供了广阔的天地，是素质教育的重要阵地。一方面加强了专业的学习，开阔了学生的视野，也拓宽了学生的知识面，并把书本上所学的知识运用于实践中。比如科技创新室的同学经常参加省级的各种比赛，如步步高、天华杯、飞思卡尔、机器人大赛等科技类比赛，在参加比赛的过程中培养了学生的自主意识、创新意识和实践能力，激发了大学生的灵感，开发了学生的创造力，提高了学生的创新水平。学生参加社团活动，个性得到了展示，才能得到了发挥，自身价值得到了肯定，综合素质得到了提高，起到了素质拓展的作用。

3. 凝聚激励功能

社团的凝聚激励的作用主要是指学生社团文化对学生具有向心力、凝聚力。它能激发学生奋发向上的激情，鼓励学生团结协作，培养学生的团队精神和竞争意识。由于是学生自愿参加的，各社团为了吸引更多社员，往往采用"家文化"团结大家，让学生在社团中感受到家的温暖，在社团这个大家庭中大家互帮互助，相互交往增进友谊，使学生们牢牢凝聚在一起。另外，社团组织的各种文艺体育类比赛活动对学生有很大的激励作用，可增强学生们的竞争意识，激励学生在比赛中一展身手，展示自我。

（三）高校社团文化的形成

社团文化，作为社团成员共同遵循的目标和行为规范以及思维方式的有机整体的总称，不是单个因素措施、活动所能造就的，往往需要长时间的凝聚和积累。通常认为，社团文化的孕育、生成和传播主要取决于以下因素。

1. 目标与宗旨

目标和宗旨是社团创立的信念、信条与理想，是社团行动的方针、纲领和基准，是社团成员的精神依托，是社团个性的集中体现。这种个性使之区别于其他社团并以其独特性赢得校园同学、职能部门的支持，使社团的生存价值有了基石。在社团文化诸因素中，目标与宗旨是统一社团文化的基础，是生成社团文化的平台，而社团文化又是对社团目标宗旨的直接反映。

2. 社团与制度

社团文化的形成必须有丰沃的土壤，一方水土养一方文化，根植于组织土壤的文化才具有生命力。在社团文化形成中，必须形成一系列制度、规范，用来约束、统一社团成员的言行，以最佳的技术状态和集中的精力投入社团活动和社团发展中，同时在社团活动和发展中对成员的异文化思想和言行进行反对、禁止，用以树立社团形象，统一社团精神。

3. 社团活动

社团活动即社团在运作过程中开展的活动，是社团运作和存在的主要体现。社团文化主要从社团活动过程、活动形式、活动影响力成功性中体现出来。没有社团活动，社团文化就失去了载体而无从体现。

4. 模范行为

模范行为包括两个层面的含义：其一，是指社团创立者的行为和人格魅力，其一行一动、一言一笑都对社团成员产生直接影响。社团负责人自身的领导风格、人格力量、品行等是社团文化的体现，综观那些比较有影响力的社团，无一不是由创业者人格魅力力量支撑的。其二，是指社团成员的工作行为与业绩，因其鲜有、高尚，与社团理念相一致，体现出社团的宗旨，能调动广大成员的积极性和创造性，形成强大的凝聚力，社团予以褒扬，使其成为广大成员的榜样，这也是形成社团文化的重要途径。

5. 宣传认同

对社团文化而言，仅有言行示范和模范行为是远远不够的，它还必须为所有成员所认同，铭记在成员的思想单，融入整个社团活动过程中，否则，社团骨干、管理层有"文化"意识，成员无"文化"意识，社团整体文化则无法形成。因此，社团文化的形成，必须坚持对成员进行思想观念、行为方式、工作方法与艺术等方面的灌输、传播、宣传。

认同的前提是宣传者对社团文化的认同和领悟，因此必须形成一个强有力、高层次、高素质的社团管理层，管理层所形成的制度和规范、制定的策略、策划的社团外形设计等，对外而言是"广告"，对内而言是教化。此外，社团良好的外部文化环境、文化网络、内部人才构成、外形设计、广告宣传、品牌活动等，也是培育社团文化的重要因素。

二、高校社团文化发展现状

（一）目前高校学生社团及社团文化概况

1. 高校社团发展现状

近年来，高校学生社团数量激增，保持着健康、持续、稳定的发展态势。学生社团已经发展成为高校校园内一股不可忽视的民间力量，在学生成长过程中扮演着重要角色，发挥着重要作用。从各高校学生社团的发展现状看，学生社团的建设与发展参差不齐。发展好的高校社团，其组织结构合理，学生参与社团活动积极性高。发展不好的社团，其组织结构不合理，社团干部不认真、应付了事，活动开展缺乏计划性等。所以，高校教育管理者要充分意识到大学生社团对学校教育和管理的重要作用。加强对学生社团的规范化建设，是社团建设的当务之急。

2. 高校社团文化发展现状

近年来，随着高校教育体制改革和在校大学生规模的增加，社团文化活动迅速成为高校大力加强校园文化建设、进一步深化大学生素质拓展计划的重要载体和有效途径，对大学生各方面的发展与提高都发挥了重要作用。

从高校学生社团的数量、类别和参与人数来看，呈现出蓬勃发展、作用逐渐增强的态势。高校社团文化活动在完善大学生知识结构、提高与锻炼大学生的综合能力和提升思想道德水平等方面发挥着极其重要的作用，已经成为高校校园文化建设中最活跃、最丰富、最亮丽的风景线。

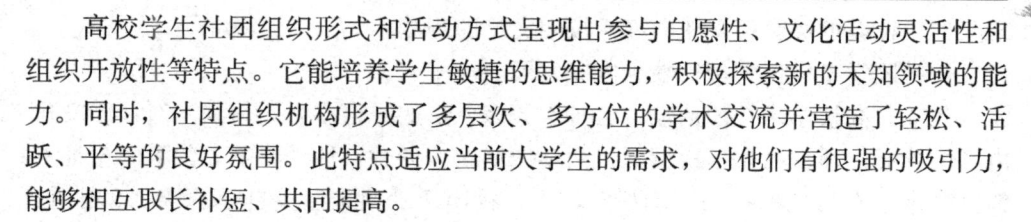

高校学生社团组织形式和活动方式呈现出参与自愿性、文化活动灵活性和组织开放性等特点。它能培养学生敏捷的思维能力，积极探索新的未知领域的能力。同时，社团组织机构形成了多层次、多方位的学术交流并营造了轻松、活跃、平等的良好氛围。此特点适应当前大学生的需求，对他们有很强的吸引力，能够相互取长补短、共同提高。

（二）高校学生社团文化建设中存在的问题

随着高校社团组织的不断发展和完善，学生社团组织的规模和数量不断壮大、迅速发展，开放包容的文化环境逐步形成，但在其建设发展过程中，不可避免地出现了一些不和谐现象，影响高校学生社团文化发展，具体表现在以下方面。

1. 组织机构不够健全

社团文化传播以社团的各种规章制度为文化载体，不同性质的社团则彰显出风格各异的文化特色。从目前来看，部分社团由于成立仓促、前期准备工作不足，导致社团制度体系尚不完善，存在组织结构不健全活动开展无计划等问题。与此同时，一些社团的建设发展并不能持之以恒，导致社团长期处于相对松散的状态，甚至到最后不了了之。这些问题都在一定程度上阻碍了社团的良性发展。

2. 成员流动性强，素质参差不齐

高校社团是学生培养兴趣施展才华的舞台，也是学生自我教育自我管理的重要阵地。长期以来，高校社团在培养学生业余爱好拓展素质方面取得一定成效，但在学生自我教育自我管理方面的作用发挥不够。一些社团干部业务素质高，思想素质低，不能发挥榜样示范作用，不利于和谐社团文化建设。

大学生参加社团一般是在大一、大二期间。大一时，学生的积极性强，乐于接受新鲜事物，迫切希望借助社团工作提高综合素质。到了大二，学生会因一些现实问题而离开社团，人员流动性太大不利于社团风格及社团文化的培育。同时，由于新生参加社团时的盲目性与社团招新时的随意性，社团成员素质参差不齐，影响社团的整体发展。

3. 商业化运作倾向易受非主流思想影响

随着社会的发展，高校社团与社会联系越来越紧密，一些社团商业化运作趋向愈来愈突出。这对于社团的发展来说，既是机遇，又是挑战。社团与社会市场紧密结合，有助于提高社团的实践能力与创新能力。同时，在当前社会转型期，经济市场中存在的浮躁功利、诚信淡薄等非主流思想，会对一些意志薄弱、是非意识不强的学生产生不良影响。有些企业甚至打着用人招聘就业咨询的旗号，在校园里设立讲堂，宣扬商界的唯利是图，大谈商场规则；有些人借助学术报告会的讲台，在校园里传播劣质文化，校园文化的传统特性已经受到严峻挑战。这些现象导致社会低级腐朽文化向高校校园文化的倒灌。

4. 社团类型发展失衡，缺少内涵发展

当前，高校学术社团活动内容种类繁多，形式丰富多彩，但缺少对社团文化内涵的挖掘，活动文化层次偏低，活动内容缺少创意，活动影响力的科学论证不够，高水平有特色的社团活动相对较少，社团活动很难形成自己的特色和品牌，吸引力、影响力和生命力不足，这最终会影响社团的长久发展和良性循环。

现有学生社团中，兴趣爱好类、文娱体育类社团数量居多，学术性、科技性、思想性社团偏少。社团文化建设中存在重通俗轻高雅、重娱乐轻教育、重形式轻内容的文化导向，一些社团将满足大学生的文化需求变成了迎合大学生的文化需求，甚至出现了非个性化、非审美和非文化倾向，使娱乐型、消遣型和商业型社团成为当前社团文化的突出特点。

5. 社团文化建设投入不足

由于高校社团数量庞大，种类繁多，一些高校限于条件，在活动场地方面，除重点培育的品牌社团外，很多社团场地不足，常在宿舍与教室之间打游击，这影响了社团成员对社团的认同感与归属感，影响了社团文化建设。

6. 投入资金不足

虽然高校对学生社团持鼓励态度，在日常工作中，给予学生社团大力支持，为学生社团开展活动提供基础保障和基本设施，但高校对社团的经费支持力度不大，明显不能满足社团活动开展需要。高校社团经费来源渠道单一，大多数是从自己的会费或团委经费中支出，极大地阻碍了高校社团活动的顺利开展。

三、新媒体环境下的高校社团文化建设

（一）新媒体对高校社团文化建设的影响

1. 社团成员沟通方式的改变

新媒体的使用打破以往社团成员只能面对面进行交流的空间束缚，更为便捷的新媒体日渐成为大学生之间进行沟通交流的主要途径。不同于以往高校团委、社团联合会下达通知和工作任务需要通过召开会议、发放书面文件的形式、新媒体软件的应用提高了信息传达的时效性、准确性以及覆盖率，全面实现了社团成员间的即时通信。社团相关事务的讨论不再受地点、时间的限制，告别了社团指导老师或社团干部单向线性传播信息的时代，社团成员之间的互动性、信息共享性显著增强。新媒体的应用拉近了社团负责人与社团成员之间的距离，带来社团成员沟通方式的变革。

2. 社团活动宣传方式的改变

新媒体环境下社团文化传播进入多极化传播时代。在社团活动的宣传中社团

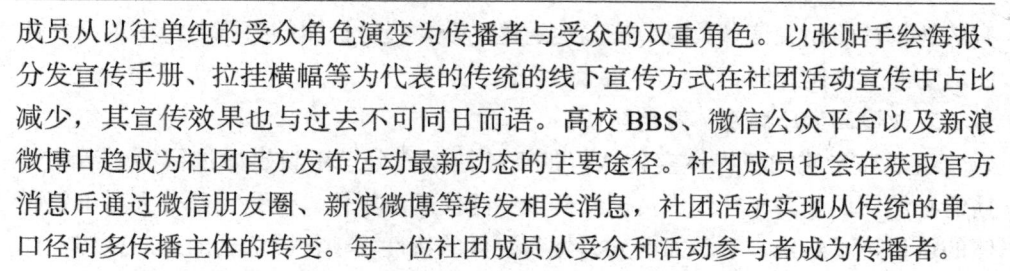

成员从以往单纯的受众角色演变为传播者与受众的双重角色。以张贴手绘海报、分发宣传手册、拉挂横幅等为代表的传统的线下宣传方式在社团活动宣传中占比减少，其宣传效果也与过去不可同日而语。高校 BBS、微信公众平台以及新浪微博日趋成为社团官方发布活动最新动态的主要途径。社团成员也会在获取官方消息后通过微信朋友圈、新浪微博等转发相关消息，社团活动实现从传统的单一口径向多传播主体的转变。每一位社团成员从受众和活动参与者成为传播者。

3. 社团活动交流平台的拓展

作为当今高校社团活动交流的重要媒介，新媒体为高校社团活动拓宽了交流平台。同一所高校的不同社团之间、不同高校的同类社团之间的交流以往受制于社团活动时间、地理位置等因素，各社团之间缺少必要的互动和交流。社团活动或囿于一所高校内，或限于一个社团内，难以同其他高校社团进行合作与学习，同一所高校的不同社团也缺少彼此借鉴的机会。新媒体的出现打破了地域限制，为各高校社团搭建了更多元化的交流平台。

基于各社团搭建的新浪微博、微信公众平台等，各社团即使足不出户也能及时看到其他社团的活动情况及相关动态，并不熟识的各社团负责人也能借助新媒体进行沟通交流。

4. 社团活动影响范围的扩大

依托新媒体平台，高校社团活动的影响也不再局限于单个社团或单所学校。越来越多的社团活动借助新媒体实现了社团活动在全国各高校社团间第一时间的传播。高校社团通过微信公众平台对社团活动的发布和社团成员通过朋友圈对相关社团活动的转发与分享，实现了社团活动的多极化扩散。社团活动实现以每个社团成员为中心呈辐射状传播。

同时，借助新浪微博的社会属性以及新浪微博的话题设置功能，引发社团活动的大范围关注与讨论，社团活动的影响范围更是从一个学校拓展到整个社会。很多社团在举办活动中有效利用了微博和微信公众平台的投票功能，既提高了参与各类社团活动的热情，又扩大了社团活动的影响力。当今高校社团活动中，活动影响力的大小与社团新媒体建设运营的情况呈现明显的正相关。

（二）运用新媒体开展高校社团文化建设的策略

1. 推动多媒体融合提升社团感召力

校园文化的丰富性决定了高校社团文化建设不是单一平台能够实现的。高校社团在深化推动新媒体平台应用的同时也应该借助校园传统媒体实现多媒体的融合，充分发挥不同平台的特性，以满足在不同形式、不同需求、不同群体下开展社团文化工作的需要。只有实现新媒体与传统媒体的无缝合作，将校园传统媒体的导向性、公信力与新媒体的时效性与互动性相结合，优势互补，才能更为及时有效地将社团相关信息及时、准确地送达受众,提升社团的感召力,实现高校社团活动的全方位开展。

2. 建设高素质新媒体宣传队伍

组建高素质的新媒体宣传队伍是高校社团充分运用新媒体进行社团活动传播的必然。尽管高校社团成员已经开始广泛使用新媒体,但是大部分人对于新媒体的认识止于娱乐,对于如何充分将新媒体的特性用于社团活动的推广宣传,还缺乏一定的认识和了解。能够利用新媒体享受娱乐生活的能力和将新媒体用作宣传平台的能力并不等同。社团活动若想借助新媒体得到更广泛的推广、使社团活动更具影响力,不是单纯地将社团活动内容进行编辑继而利用新媒体发布这样简单。还需要考虑不同新媒体的不同属性、用户群体的区别,用户对不同新媒体使用习惯的不同。对于需要发布的内容也需要进行包括文案设计、内容创意在内的包装等。微博话题的设置、微信自定义菜单的设计也都需要一定的技巧,单纯的兴趣是无法支撑起社团活动的新媒体推广工作的。因而,高校社团要有组建高素质新媒体宣传团队的必要性,通过理论指导和实践学习等途径在社团建设的过程中培养出一批既对新媒体感兴趣又具有较强的技术能力的宣传团队。

3. 打造特色传播内容

新媒体的发展为社团宣传活动创造了多元化平台,同样使受众对于信息有了更大的选择空间。在新媒体环境下,几乎每一个在校大学生每天被动获得的大量信息。在海量信息中,如何让自己的社团活动内容获得更多关注,在获得一定的关注度后又如何维持公众对新媒体平台的持续性关注,是新媒体在高校社团文化传播中必须面对的问题。

"内容为王"是保证社团活动信息不被淹没的基本保障。而新媒体不仅是推广社团活动的载体,同时也是社团成员满足娱乐、学习、社交等多种需求的工具。社团要充分利用新媒体平台为社团活动的开展提供丰富多彩的内容素材,打造社团特色鲜明的传播内容。高校社团只有做出贴近学生生活,不流于形式的同时符合在校大学生兴趣点的特色传播内容才能使新媒体在社团文化建设中更好地发挥作用。

4. 引领社团文化舆论导向

新媒体将各种各样的价值观传入大学校园,同时让每一个学生都成为传播主体。在多传播主体的媒体环境下,若想成功驾驭新媒体为社团文化建设服务,就要打造意见领袖,引领社团文化的舆论导向。

研究表明,人际影响比任何一种媒介都更为经常、更为有效,这不仅见之于政治方面,在购物、时尚、看电影方面亦如此。而社团指导教师、社团社长等在社团成员中起着意见领袖的作用,他们的言行更具有说服力,他们对社团在新媒体平台发布的信息的转发和分享更能引起广泛社团成员的关注和认可。在利用新媒体引导舆论方向的时候要充分发挥意见领袖的作用，将人际影响的作用放大化来引导大学生在多元文化冲突中树立正确的思想。

此外，借助新媒体多样的传播方式，运用语音、图像、视频等方式让更多社团成员参与到社团活动相关话题的讨论。同时在社团文化建设过程中对正确的文化导向进行反复宣传，并通过社团活动的持续开展，帮助大学生树立正确的人生观、世界观和价值观。

第十章　中华优秀传统文化与高校校园文化

第一节　中华优秀传统文化与高校校园文化建设的关系

我国优秀传统文化与高校校园文化建设之间具有相互统一、相辅相成和不可分割的联系。深化对问题的认知，用中华优秀传统文化中的精华和核心内容来丰富我国高校校园文化建设，发挥其理论指导意义和实践价值作用。实现视角转换，正确认识中华优秀传统文化在建设高校校园文化中的地位和作用是新视角和新方向。创新路径建构，继承和发展中华优秀传统文化是建设高校校园文化的有效路径和重要方式。深化二者关系的研究思路、方法和领域的认识，大有裨益。

在我国，高校校园文化是一种独具特色魅力的文化，具有时代性和年轻化的特点，高校校园文化的发展和建设对我国高校的发展有巨大的推动作用。那么如何建设高校校园文化，促进学生的多元化、全方位发展呢？当然，建设和发展高校校园文化的认知方式是多元化的，角度方向是多方面的，路径建构是多样化的。高校校园文化精神从外在表现和内在意蕴都深深地扎根于优秀传统文化的土壤中，对传统文化的依赖性不言而喻，并且在吸收传统文化的基础上其有独特的魅力。因此，研究和探讨中华优秀传统文化与高校校园文化建设与发展之间的关系就显得十分密切和重要。

一、问题认知：准确把握中华优秀传统文化对高校校园文化建设的理论意义和实践意义

中华优秀传统文化的延续是国家保持繁荣发展和民族振兴的持续动力，也是炎黄子孙的智慧力量和辉煌业绩的深刻表现，推动着中华民族欣欣向荣、生生不息、不断前进和蓬勃发展。当今社会是科学技术高度发展，且更新换代极其迅速的网络时代，那些认为传统文化已经过时的看法太过片面，传统文化在当代仍然具有重要价值和研究意义。对优秀传统文化的准确认识和深入挖掘以促进我国高校校园文化建设，不仅具有深远的理论意义，更具有显著的现实价值。前者体现

在高校校园文化建设的创新意义上,而后者则表现在优秀传统文化与高校校园文化之间的对话与联结。从前者来看,实现高校校园文化在校园生活和具体实践基础上的创新是中华优秀传统文化与高校校园文化建设二者关系的重要环节。从某种程度上来说,高校校园文化是在对优秀传统文化中精华内核部分的继承和吸收的前提下产生的,同时,在古今文化的融合与碰撞中又产生了新的创新、突破与发展。

在高校校园文化的形成过程中,新文化运动起到了不可磨灭的作用,其将科学与民主两项文化内容引入了国内,在中国知识分子阶层引起了广泛响应。它把校园里良好的学习氛围与学习科学文化知识相融合,并把所学的科学文化知识运用到现实实践中,这是推动高校校园文化建设的重要环节。现如今,高校校园应该形成百花齐放与百家争鸣的繁荣景象,为师生的学术研究提供宽松和公平的环境,更要为学术研究的独立创新营造浓郁的学术氛围。这也是高校校园文化发展和建设的目的。

就后者来讲,如何实现中华优秀传统文化与高校校园文化建设的有效对接和融合,是研究二者的关键问题和内在要义。中华优秀传统文化的传承方式不仅以文化物品、书籍等客观形式流传下来,还以民族精神、伦理道德、知识体系和行为模式等主观形式影响一代又一代中华儿女。对传统文化的继承,使中华优秀传统文化已经成为一种民族血液和民族精神,深入整个国家的政治、经济和文化等领域,这种思维意识的结晶影响着人们的思维模式和行动方向。高校校园文化继承了中华优秀传统文化的精华核心内容,尤其重视对学生道德观的培养,将古时的孝、忠、仁、义、礼、恭等儒家传统文化中的道德规范予以现代化使用。所谓现代化使用,就是将传统元素与现代因素抑或现代精神有机融合,实现传统的有效激活,发挥传统文化在当代社会的价值意义。原因很简单,中国传统文化源远流长、博大精深,研习和掌握传统文化中的精髓、思想和价值理论,对我国当代大学生树立正确的世界观、人生观和价值观具有重要的作用。

二、视角转换:科学认识中华优秀传统文化是建设高校校园文化的新视角和新方向

传统文化与高校校园文化的有机结合和无缝联结是高校校园文化建设的新视角和新方向。因为它为高校校园文化的理论思想、指导方法、价值向度等提供了深厚的文化底蕴和精神理念。中国是四大文明古国之一,拥有五千多年的悠久历史和文化,并以"礼仪之邦"闻名于世。

我国的传统文化是对整个历史社会所具有的心理状态、价值取向、思维模式和社会精神风貌等内容的综合反映。优秀传统文化的继承与发扬对高校校园文化

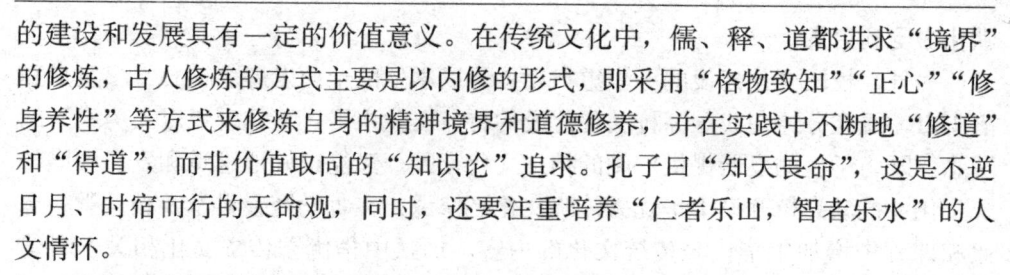

的建设和发展具有一定的价值意义。在传统文化中，儒、释、道都讲求"境界"的修炼，古人修炼的方式主要是以内修的形式，即采用"格物致知""正心""修身养性"等方式来修炼自身的精神境界和道德修养，并在实践中不断地"修道"和"得道"，而非价值取向的"知识论"追求。孔子曰"知天畏命"，这是不逆日月、时宿而行的天命观，同时，还要注重培养"仁者乐山，智者乐水"的人文情怀。

孔子认为君子修德必须做到："敏于事而慎于言"，做事敏锐，重于实践，但却不妄自断语；勤于反思，不断学习；"慎独"，控制自己的欲望，不受物质利益的诱惑。通过道法自然、遵循客观规律的修德方法，达到上善若水、化育万物的境界。在物欲横流的当今社会，建设高校校园文化的进程中更要充分合理地挖掘优秀传统文化中重视德行修身的精神内核，使之为我国校园文化精神建设所服务。其中涵盖的价值取向、行为准则以及道德修养等关键内核都应该成为高校校园文化建设的精髓。

对优秀传统文化的挖掘和开发是高校校园文化建设的新视角和新方向，不仅在于它提供一种新的认知视角和实践方向，更在于它为当代高校校园文化提供了一个新的课题，需要我们不断去探究、追寻和回应。之所以新，更在于时代背景的不断变化，时代形势的不断发展，需要我们根据不同的实际情况解决新问题，创造新局面，实现新发展。因此，对于建设高校校园文化来说，科学认识是一个新视角和新方向，但不是唯一的角度，而是多维中的一维。

三、路径建构：继承发展中华优秀传统文化是建设高校校园文化的有效途径和重要方式

继承和发扬优秀传统文化，是我国高校校园文化建设和发展的精神内核与持续动力，也为高校校园文化构建的具体路径提供了重要的价值基础。为促进高校校园文化建设和发展，更好地继承和发扬我国优秀传统文化，笔者从以下两个方面展开论述。

（一）坚持以人为本，优化上层建筑

优秀传统文化的继承与发扬和高校校园文化建设之间是相辅相成、相得益彰的。把二者有机结合起来，既促进了大学生的身心健康发展与人格的不断完善，同时也使高校师生得到文化精神层面的洗礼。故而，我国高等院校务必要坚持以人为本的理念，特别要注重育人为本、德育并进的本质功能，在顶层设计方面要优化上层建筑。推进校园文化建设，其教育性必须高度重视，充分利用和发挥学校宣传教育的每一个资源设施角落，开展有效而恰当的宣传教育活动，如学校里的报刊亭、宣传栏和阅读走廊等都是开展宣传教育的地方，都可以让学生在潜移

默化中受到启发。

另外,校园文化建设的一个重点就是要以学生的全面发展为核心、出发点和落脚点,既充分体现我国高校文化建设的特色文化水平,又体现"以人为本"的理念,既为学生的发展提供广阔的精神文化家园,又能很好地继承和发扬我国传统文化。推动高校开设中华优秀传统文化必修课,在哲学社会科学及相关学科专业和课程中增加中华优秀传统文化的内容。加强中华优秀传统文化相关学科建设,重视保护和发展具有重要文化价值和传承意义的学科。学校可以有针对性地开设一定的特色文化课程,如国学研习课和书法审美鉴赏课等。也要根据学生的自身特点与兴趣爱好进行针对性学习培养,开展定期的校园文化活动,使学生的文化素养在活动中获得提升,注重培养大学生开创意识、探究创新意识和团队合作意识,在活动中促进学生自身素质的提高与全方位发展。

(二)构建和谐环境,打造校园氛围

当今互联网正在不断地优化和改善我们的周边环境,但同时充斥着各种良莠不齐的网络信息,构建和谐环境应该净化网络环境,积极打造绿色校园,在批判与自我省视的过程中辨别网络时代的复杂性。高校要注重培养和提升学生对互联网信息的辨别、选择、判断和再认识的能力,这从一定意义上来讲是一个基本前提。文化艺术长廊的构建是对传统文化继承与发扬的一座桥梁,也是高校校园文化建设的一条重要途径。在文化艺术长廊中展示中华优秀传统道德训诫和劝导,还可以展示古代历史长河中做出一定贡献的历史人物的事迹故事,同时也可以展示在学校发展史中做出相关贡献的著名人物的研究事迹以及我国古代优秀的绘画书法艺术,让学生从中得到精神上和艺术上的洗礼。学校要开设一定的道德礼仪培训课程,对学生的日常行为和语言进行规范培训,积极开展德育教育工作,使大学生能够在积极融洽的学习氛围中获得文化知识,以不断提升自身素质和开拓学生视野。学校要加强文化宣传力度,完善教学体系。建设高校校园文化过程中,要摒弃一些固定思维的模式和刻板僵化的教学方法与方式,要不断创新教学模式,改变教学思维,在教学过程中潜移默化地将优秀的传统文化渗透给学生。同时,开展相应的宣传活动,例如使用海报张贴,以讲座和座谈会的形式进行宣传引导。还可以利用现代网络工具以及论坛等学生容易接受的方式进行定期宣传,如推荐经典的人文类文章、名人视频以及时事热点等,让学生自觉地学习,从中受到启发。师生之间可以以中华文化经典为载体,实现师生积极互动,提高教学质量和效益。例如,每次上课的时候,教师让学生先朗诵经典著作中的片段文字,如《论语》《诗经》等,教师以学生诵读这段文字为题,在全班范围内与学生积极互动,一方面,这使得学生对中华优秀传统文化有了一定的学习和理解;另一方面,师生在潜移默化的教学活动中情感受到熏陶,道德得到提升,相

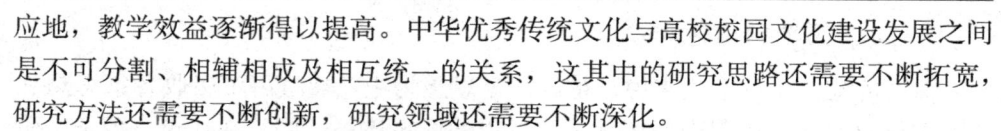

应地，教学效益逐渐得以提高。中华优秀传统文化与高校校园文化建设发展之间是不可分割、相辅相成及相互统一的关系，这其中的研究思路还需要不断拓宽，研究方法还需要不断创新，研究领域还需要不断深化。

总之，传统文化是根源，是建设校园文化的原动力，在继承和发展中华优秀传统文化的基础上，要不断激活传统文化在当代社会的价值意义，进而更好地推动我国高校校园文化建设与发展，为学生的全面发展开辟出一个精神家园。

第二节 高校校园文化与传统文化的对接和碰撞

高校校园文化虽然以独特的风格和魅力屹立于文化之林，但它却深深扎根在传统文化的土壤中，它是对传统文化的继承与创新、弘扬与光大，传统文化是校园文化诞生的摇篮和发展的基石。今天的高校校园文化是一个充满现代文化与传统文化激荡的文化，它是中国传统文化与现代文化融合的缩影与典范。

一、高校校园文化与传统文化的对接

高校校园文化虽然有它的独特精神、风格、魅力和方式，但它却深深扎根在中国传统文化的沃土中，是在中国传统文化的基础上发扬光大的。中国是具有五千多年历史的文明古国，中华民族创造了优秀的民族文化，从《易经》《诗经》《尚书》《论语》到唐诗、宋词、元曲，以及中国的四大名著，结构辉煌；从秦兵马俑到敦煌、云冈、龙门石窟的绘画都堪称世界奇观；举世闻名的造纸术、印刷术、指南针、火药四大发明属于我国；第一个使用指南针用于航海的是我国；至今还保留着世界上最早、最丰富的古代天象记录资料的是我国；最先使用地震仪观测地震的是我国。尤其以孔孟为代表的儒家思想对世界的影响都是巨大的。中华文化是人类缔造文明历史上的一部辉煌灿烂的伟大史诗。

传统文化是中国几千年文明发展史中的在特定的自然环境、经济形式、政治结构、意识形态作用下形成、积累和流传下来，并且至今仍在影响当代文化的"活"的中国古代文化。它既以有关的物化的经典文献、文化物品等客体形式存在和延续，又以民族思维方式、价值观念、伦理道德、性格特征、审美趣味、知识结构、行为规范、风尚习俗等主观形式存在和延续。而且，这些主体形式的文化都已内化为中华民族的文化心理和性格，深深地融入了社会政治、经济、精神意识等各个领域，它作为一种文化遗传基因，影响着人们的思维意识和行为，影响着社会历史的发展进程，以至于在科学、文明最典型的校园中也能看到传统文化的痕迹。

(一) 重德精神的传承

中国传统文化从本质来说，是以儒家思想为主，通过融汇吸收各家思想和外来文化而形成的体现中华民族主体意识的思想体系。儒家在孔子、孟子、荀子、董仲舒、韩愈、陆九渊、王守仁等的开创、继承发展下形成了一种博大精深的儒家文化。贯穿这一体系的基本精神就是以德治国，重视道德自觉和人格完美是中华民族精神的重要内容。被称为儒家经典"四书"之一的《大学》，开宗明义指出："大学之道，在明明德，在亲民，在止于至善。"所谓明德，就是明德之所得、本之所本，明德就是领悟天道而不断亲民，从而达到道德上至善的最高境界。不能明德于天，不能以天道为根本，就会丧家失国，所以，人生不可不慎乎。"有德此有人，有人此有土，有土此有财，有财此有用。德者本业，财者末也。"

1. 天下为公的道德价值观

《礼记·礼运》云："大道之行也，与三代之英，丘未之逮也，而优志焉。"又云："大道之行也，天下为公。选贤与能，讲信修睦。"在这样的道德观和价值观下，历代志士仁人都把"先天下之忧而忧，后天下之乐而乐"当作自己的最高目标来追求。所以，在中国传统文化中是以道德为本位的，也可以说，道德高于一切。

2. 仁爱和谐思想

以儒家思想为核心的道德，最根本的观念是仁，即爱人。孔子在《论语》中说："好仁者，无以尚之。""志士仁人，无求生以害仁，有杀身以成仁。"孔子在《论语》中又说："己欲立而立人，己欲达而达人。""能行五者于天下，为仁矣。""礼之用，和为贵。"这里的仁义和善、礼连在一起。儒家经典著作提出了孝悌、忠信、仁义、礼智、恭敬等一系列道德规范，并把他们看作做人的根本。

3. 自强精神

与崇德精神相一致，古代哲人特别强调人格、崇尚气节、重视情操。早在我国古代神话中就突出反映了中华民族朝气蓬勃、努力向上、百折不挠、自强不息的民族美德，如女娲补天、后羿射日、精卫填海、愚公移山等。孔子在《论语》中曾说"三军可夺帅也，匹夫不可夺志也"。孟子在《孟子·滕文公下》中也曾提倡富贵不能淫，贫贱不能移，威武不能屈。历史的车轮虽然已经驶过了几千年，但儒家一直特别重视道德人格价值，高度赞扬人格精神美，强调人应该有独立的人格，遵守一定的道德准则，不屈服于外在压力，不受外部环境的影响，培育了中国人民的自强心态和刚直不阿的正义感，形成了中华民族明辨是非，坚持正义的凛然正气。直至今天，它依然是高校校园文化中育人的宗旨。在我国的教育方针中，德、智、体、美全面发展，德是第一位。目前，我国的各类学校都开

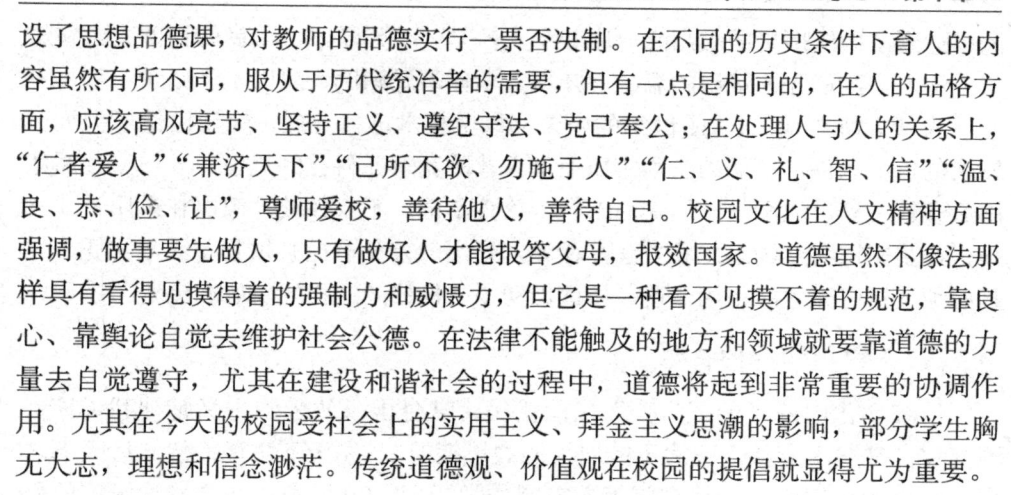

设了思想品德课,对教师的品德实行一票否决制。在不同的历史条件下育人的内容虽然有所不同,服从于历代统治者的需要,但有一点是相同的,在人的品格方面,应该高风亮节、坚持正义、遵纪守法、克己奉公;在处理人与人的关系上,"仁者爱人""兼济天下""己所不欲、勿施于人""仁、义、礼、智、信""温、良、恭、俭、让",尊师爱校,善待他人,善待自己。校园文化在人文精神方面强调,做事要先做人,只有做好人才能报答父母,报效国家。道德虽然不像法那样具有看得见摸得着的强制力和威慑力,但它是一种看不见摸不着的规范,靠良心、靠舆论自觉去维护社会公德。在法律不能触及的地方和领域就要靠道德的力量去自觉遵守,尤其在建设和谐社会的过程中,道德将起到非常重要的协调作用。尤其在今天的校园受社会上的实用主义、拜金主义思潮的影响,部分学生胸无大志,理想和信念渺茫。传统道德观、价值观在校园的提倡就显得尤为重要。

(二)教育和学习方法的传承

"仕而优则学,学而优则仕""万般皆下品,唯有读书高""劳心者治人,劳力者治于人",这是几千年来中国封建社会一直奉行的教育价值观和学习价值观。这种教育价值观和学习价值观在当时是为了封建统治阶级培养人并最终达到巩固封建统治政权的目的。这种教育观和学习价值观将读书置于最高地位,毫不掩饰地轻视其他社会实践活动和行为。应该说,其有偏颇的一面,也有特定的历史局限性的一面。但透过这样的价值观,我们可以看到一种积极的因素。先看"学而优则仕"。春秋末期,作为统治阶级的奴隶主贵族阶层不学而仕、仕而无学的现象颇为普遍,而私学的发展和士阶层的兴起,又出现了学而不能仕的情况,两者形成尖锐矛盾。面对这一矛盾,孔子一方面大力提倡礼贤下士、任人唯贤、反对任人唯亲的陈腐血统观念和风气,主张揽用天下贤才;另一方面,他极力依靠兴办私学来培养新的君子贤才。

我们的先哲在几千年前就认识到,只有不断学习,不断掌握知识,才能成为优秀人才,才能统御治理好国家。再看"万般皆下品,唯有读书高"。我们的先哲早就认识到,知识是人间最宝贵的财富,读书、学习是一种至高无上的崇高行为,是一种最可贵的社会活动。汉代的王充曾说,"人有知学,则有力矣"。这比培根提出"知识就是力量"要早一千年。而"知学"则主要来自"读书"。卢梭也曾说过,在所有一切有益于人类的事业中,首要的一件,即教育人的事业。"万般皆下品,唯有读书高"与之似乎并无本质上的区别。最后看"劳心者治人,劳力者治于人"。孟子的这句话,同样是说掌握了文化知识的、能够从事脑力劳动的人方可从事国家的治理统御;没有文化知识,只能从事体力劳动的人是不能从事国家的统御治理工作的。换言之,国家的统御治理工作必须由掌握文化知识、能够从事脑力劳动的人来担任。在清代,对文化的推崇和热衷,如书画、制陶都达到了中国历史的最高峰。康熙本人就是一个爱学习、崇尚知识的人。在学习方法上，我们先人提出的温故而知新，学而不思则罔，思而不学则殆，亘古不变地为后人所传承。在21世纪的今天，科学技术迅猛发展，知识已然成为社会发展的重要条件。产品的竞争实质上是人才的竞争、科技的竞争。学习型社团像雨后春笋一样，激励学子们锲而不舍、孜孜不倦。不仅如此，政府在录用人才方面也逐步采取科学的思想和方法，比如，录用的公务员也必须具备大学文凭，并且必须通过考试才能录用，这一切都推动了高校校园文化的发展和更新。

（三）爱国精神的传承

传统文化中的"天下为公"忧国忧民、献身国家的爱国主义精神和"富贵不能淫，贫贱不能移，威武不能屈"的高风亮节；"先天下之忧而忧，后天下之乐而乐"的广博胸怀仍然在鞭策着校园的学子们。20世纪，西方发达国家的科学技术与经济发展取得了巨大成就，但同时也面临着一系列难题，如能源日益枯竭、环境污染加剧、生态严重失衡、自然灾害频繁、人与自然的关系不断恶化，等等；同时还面临着深刻的社会精神危机，如集体意识淡薄、价值观混乱、道德沦丧、犯罪率上升，等等。人们惊喜地发现，中国儒家文化的价值观念、伦理道德、安贫乐道等人文精神，对于克服西方工业化社会所产生的能源枯竭、环境污染、生态失衡、道德沦丧、物欲横流、极端自私等物质与精神方面的衰落现象，具有特殊的"疗效"。英国著名学者汤因比在《展望21世纪》一书中说，自从人类在大自然中处于优势地位以来，人类的生存没有比今天更危险的时代了。不道德的程度已近似悲剧，而且，社会管理也很糟糕。他发现中国传统文化，尤其是儒家和墨家的仁爱、兼爱思想学说，是医治现代社会文明病的良药。他指出，儒家的仁爱是当今社会所必需，墨家主张的兼爱，过去只是指中国，而现在应作为世界性的理论来理解。西方一批著名的自然科学家，包括76位诺贝尔奖获得者于1989年一次集会后的宣言中说：人类如果要在21世纪继续生存下去，避免世界性的混乱，就必须回首2500多年前孔子的道德智慧。爱国主义是校园文化的重要内容，并融入校园生活的各个领域。

二、高校校园文化对传统文化的创新与发展

中国传统文化德泽深厚，源远流长。但是，就像所有文明一样，有过光明璀璨的盛事，也曾有过黑暗阴郁的岁月；它既有无数的精华，也有许多糟粕。因此，既不能全盘肯定，也不能全盘否定。文化的发展史是继承—筛选—创新的历史。

在传统文化的精华中，物质文化、精神文化、语言、文字、象征符号、习俗规范，内容丰富。自然科学和人的自由由于受历史的局限处于空白状态。现代校

园文化揭开了这一历史的序幕,与其他亚文化最本质的区别就是崇尚科学,也正是这种追求真知、崇尚科学的精神才使它具有强大的生命力。人类社会由低级向高级发展,是一个由必然王国向自由王国过渡的过程。在这个过程中,科学起到了巨大的推动作用。人们通过不断地发现真理,探索、寻找、发现运用自然、社会发生、发展的运动规律,缩短了以至于未知的距离,使人类逐渐摆脱了愚昧与贫困,从而加快了社会发展的速度。

从知识就是力量到科学技术是第一生产力,以及知识经济反映了人类对科学的重视程度不断在加深。人类社会面临着人口的过度增长,资源日益短缺,生产逐渐向纵深方向发展,科学技术与社会生产、生活紧紧地联系在一起,构成了当今人类生存的基本条件。在今天的校园文化中传授科学知识,学习科学知识占据最主要的位置。民主精神在校园文化中的具体体现是政治民主,如学生干部的任免、教学的评估、各种各样的竞赛等都实行投票表决制。自由的学习环境和学术交流为师生提供了更多时间和更大空间,学生之间、教师之间、师生之间的交流以及校内外之间、知与行之间的交流已形成了一种固定的规范。

个性的张扬也是民主的一种体现,校园是一个百花齐放、百家争鸣的场所,也是充分展示个人才华、个人风貌的大舞台,新思想、新观念、新潮流在这里尽显风采。

第三节　中华优秀传统文化融入高校校园文化建设的思考

目前,高校逐渐加大了传统文化与校园文化建设融合的力度。但是一些高校对中华优秀传统文化融入校园文化建设的重要性仍然缺乏重视,中华优秀传统文化融入高校校园文化建设的相关制度仍不健全,以及中华优秀传统文化融入高校校园文化建设的基础投入不足等。本书就重视校园精神文化建设、完善校园制度文化建设、大力开展校园行为文化建设和加大校园物质文化建设投入等提出建议。

中华优秀传统文化是中华民族在长期的历史发展中,由于特殊的自然环境、经济形式、政治结构、意识形态的作用而形成的文化积累。它不仅以程式化的经典文献、制度等客体形式存在着,而且广泛地以在长期历史过程中积淀而成的民族的思维模式、知识结构、价值观念、伦理规范、行为方式、审美情趣、风尚习俗等主体形式存在着。校园文化,是指在学校这一特定的环境中,由学校管理者和广大师生员工在教学、科研、生产、生活等各个领域的相互作用中所创造出来的一切物质的和精神的产物及其创造的全过程。校园文化包括由内而外的四个层次:校园精神文化、校园制度文化、校园行为文化以及校园物质文化。高校校园文化是以高校校园为空间背景而产生的一种层次较高的校园文化,自诞生时便被人们看作象牙塔中的文化,与高雅、知性的人文气息联系在一起。中国传统文化博大精深,学习和掌握其中的各种思想精华,对树立正确的世界观、人生观、价值观很有益处。这为高校校园文化的进一步发展指明了方向,将中华优秀传统文化融入高校校园文化建设中,无论是对校园文化的健康发展还是对学生的成长成才,甚至对中华优秀传统文化自身的传承,都具有极其重要的意义。

一、中华优秀传统文化融入高校校园文化建设的意义

(一)中华优秀传统文化传承的需要

改革开放以来,市场经济与全球化的大潮裹挟着形形色色的社会思潮,对中华传统文化产生了巨大的冲击。互联网的迅猛发展更是让世界真正变成了一个地球村,光怪陆离的网络世界让人们对中华民族传统文化的关注度进一步降低。中华民族灿烂的传统文化遭遇传承的危机。大学生作为接受高等教育的特殊群体,肩负着文化传承的历史使命,理应是传统文化的继承者和传播者。大学校园是传播知识、以文化人活动为主的重要场所,也理应成为传承文明、推动社会发展的重要基地。根植于大学校园的校园文化具有很强的社会辐射作用和文化反哺功能,高校校园文化通过一批又一批毕业生、各种文化媒体和文化书籍以及各种文化活动与社会不停地进行互动交流,对社会进行文化反哺,影响社会的潮流风尚。因此,将中华优秀传统文化融入高校校园文化建设中不仅能使中华优秀传统文化后继有人,而且通过校园文化的文化辐射和文化反哺,社会大众也将进一步接触中华优秀传统文化,这对中华优秀传统文化的传承具有重要意义。

(二)高校校园文化建设的需要

高校校园文化集中反映了一所大学的办学理念和学校的精神风貌,具有凝聚师生思想情感、创造良好文化氛围和引导学生健康成长等功能,是一所大学综合实力的体现。高校校园文化建设离不开中华优秀传统文化。大学一定要有传统文化的根,大学需要文化和精神。中华优秀传统文化传延至今,其中蕴含的教育理念与哲学思想在 21 世纪的今天依然可以为中国高校的发展带来源源不断的思想动力。将中华优秀传统文化融入高校校园文化建设中可以增加校园文化的底蕴,提升校园文化的内涵,为高校校园文化建设提供丰富的传统文化资源,对高校校园文化的建设具有重要意义。

（三）大学生成长成才的需要

大学生正处于思想活跃、价值观日趋成熟的青年时期。大学校园不仅担负着向大学生传授学科专业知识的使命，还担负着向大学生传递正确的价值观、世界观、人生观的使命。拥有五千年历史的中华优秀传统文化蕴含了丰富的精神宝藏，包括了以"人生自古谁无死，留取丹心照汗青"为代表的爱国主义精神、以"书山有路勤为径，学海无涯苦作舟"为代表的勤学精神、以"天行健，君子以自强不息"为代表的积极进取精神和以"纸上得来终觉浅，绝知此事要躬行"为代表的笃行精神等，这些思想和理念都会对青年大学生塑造正确的价值观产生积极影响。将中华优秀传统文化融入高校校园文化建设中可以为青年学子正确地扣好"第一粒扣子"，对大学生的成长成才产生积极影响。

二、中华优秀传统文化融入高校校园文化的现状

目前来看，在对高校校园文化建设进行一段时间的摸索实践后，国内大部分高校都已将中华优秀传统文化融入高校校园文化建设提上了日程，逐渐加大了传统文化与校园文化融合的建设力度。但是在将中华优秀传统文化融入高校校园文化建设的过程中仍然存在一些问题。

（一）对其重要性缺乏足够的重视

校园人是高校校园文化的主体，也是其主要载体，是活力最强的校园文化构成要素。从根本来说，校园文化的形成、发展和定型就是大学全体师生员工共同努力的结果。然而在现实中，作为校园文化主体的高校干部、教师以及学生对中华优秀传统文化融入校园文化建设的重要性仍然缺乏足够重视。

高校干部作为学校的决策层与管理层，对校园文化建设的方向和内容起到风向标作用。当前一些高校的领导干部却对传统文化融入高校校园文化建设缺乏深刻的认识，由此导致对传统文化融入高校校园文化建设的重要性认识不足，对相关工作的开展重视不够、支持不力，甚至对相关校园文化建设的认识出现偏差，将传统文化融入校园文化建设工作简单等同于校园硬件设施建设，出现了"重形式、轻内涵"的形式主义倾向。这些都对中华优秀传统文化融入校园文化建设工作产生了不利影响。

高校教师是教学和科研的主角，是一所大学的精华，他们的学术水平、道德修养、一言一行都将对大学生产生深远影响，他们在教学科研活动中所遇到的问题同时也在不断地反馈给学校的管理层，对他们的决策产生影响。在当前的高校，一些教师，尤其是专业课教师在思想上缺乏对传统文化重要性的认识。受就业导向人才培养模式的影响，在对学生的教学活动中只看重专业知识与技能的灌

输,忽视中华优秀传统文化知识的传授、忽视人文精神的培养,这会对学生的全面发展与成长成才产生不利影响。

学生是校园文化中最活跃的主体,自身价值观尚未完全确立,易接受新事物、新思想。受西方文化和网络文化的双重影响,一些大学生的民族传统文化意识淡薄,对中华优秀传统文化嗤之以鼻,知之甚少,反而对西方文化、时尚潮流文化多加追捧,奉为珍宝。大学生对中华优秀传统文化的漠视将不利于其正确价值观的树立,为他们自身的成长成才带来不利影响。

(二)相关制度不健全

一所学校的规章制度起到规范师生员工行为、作风和确保学校秩序正常运行的作用,是校园文化建设的保障。一些高校由于学校领导对中华优秀传统文化融入高校校园文化建设的重要性认识不足,忽视了相关制度的建设。在传统文化教学制度上,对传统文化教学内容缺乏系统规划,导致传统文化课程教育内容的碎片化、教学设计的随意化;大学课程设置不合理,中华优秀传统文化类课程占所有课程的比例过小、课程种类偏少、课时偏少,从而导致学生传统文化知识的匮乏;考评体系缺乏传统文化教育方面的指标,导致实际工作开展中教师教学不积极,学生学习不主动的情况发生。在校园课外文化活动制度上,也没有形成纵向领导和横向联动相结合的学校各部门整体合作机制。多数高校将学生课外文化活动管理工作挂靠在学生处和团委等部门,缺乏校内其他部门的协助配合,缺乏全体师生的共同参与,这不利于传统文化融入校园文化建设中高校人力资源的充分发掘与利用。

(三)基础投入不足

在基础设施上,缺乏足够的资金投入,导致校园布局、校园景观缺乏中华传统文化底蕴,师生员工无法在充满传统文化氛围的校园环境中工作学习;在师资建设上,高校传统文化教育师资紧缺,能够从事中华优秀传统文化教学的教师数量不足、专业素养不高且缺乏进一步的进修培训,导致传统文化教学工作效果欠佳;在图书资源上,一些高校特别是专业型高校重视专业性、应用性强的图书资源,人文类尤其是中华优秀传统文化类书籍较少,这不利于师生对中华优秀传统文化知识的获取。

三、中华优秀传统文化融入高校校园文化的建议

高校校园文化是由校园精神文化、校园制度文化、校园行为文化以及校园物质文化这四个层次构成的,这四个层次由内而外地涵盖了校园文化所涉及的所有方面。从校园文化的精神文化层面、制度文化层面、行为文化层面以及物质文化层面出发,可以就中华优秀传统文化融入高校校园文化建设中所存在的问题

提出针对性对策和建议,从而有利于中华优秀传统文化顺利融入高校校园文化建设中。

（一）重视校园精神文化建设

校园精神文化,主要包括校园文化观念、历史传统、为校园大多数主体所认可遵循的共同思想意识、价值观和生活信念,它是校园文化的核心。将中华优秀传统文化融入高校校园文化建设,需要高校进一步重视校园精神文化建设。首先,高校领导干部要起带头作用,引领全校师生员工形成正确的校园文化观念,重视校园精神文化的价值以及传统文化融入高校校园文化建设的重要意义。认识到校园文化建设不只是物质文化建设,更应重视内在精神的塑造。其次,高校要注重对渗透中华优秀传统文化精髓的校园精神的提炼。校训、校歌和校徽是最能反映全校师生员工共同思想意识、价值观和生活信念的文化载体,其中尤以校训最为凝练。国内很多大学的校训都直接出自中华传统文化典籍,蕴含了传统文化的思想精髓。一所大学只有从校园精神中汲取力量,才能推动学校的发展。最后,高校还应注重依托地方的传统文化资源,发挥属地传统文化资源优势。高校可以将地方传统文化精华与校园精神相融合,依托地方传统文化资源建立传统文化教育基地,经常组织大学生参观地方文化古迹,让大学生对中华优秀传统文化有更直观的了解,从而更透彻地把握中华优秀传统文化的精髓。

（二）完善校园制度文化建设

校园制度文化主要指以文字形态表达的学校的规章制度及固定的体制所体现的文化,如学校制订的章程、条例、规定、办法、公约、实施细则等,它是校园文化活动的准则,也是校园文化建设的保障。将中华优秀传统文化融入高校校园文化建设中,需要高校进一步完善相关规章制度。

在传统文化教学制度上,高校首先要完善中华优秀传统文化师资培养和教学研究机制,为高校建设一支专业的、高水平的中华优秀传统文化教师队伍;其次要完善课程设置,增大中华优秀传统文化类课程所占课程的比例,增加中华优秀传统文化类课程的课时,开设一些中华优秀传统文化类的必修课与选修课,也可以尝试将中华优秀传统文化教育与思想政治教育相结合,让学生参与社会优秀传统文化的宣讲,让学生在活动体验中感受教育,收获成长。这样既增加了中华优秀传统文化类课程的课时,也为思想政治理论课提供了丰富的课程素材,增加了思想政治理论课的文化底蕴。

在校园课外文化活动制度上,要建立和完善纵向领导和横向联动相结合的学校各部门整体合作机制以及校园文化全体师生共同参与机制。只有学校各部门同心协力、全体师生共同参与才能实现人力资源的充分利用,才能最大限度地激发师生将中华优秀传统文化融入高校校园文化建设的参与热情。例如，浙江工业大学人文学院以学科优势为依托，举办"国学文化节"，开展了国学知识竞赛、"弘毅学生讲坛""中华名篇千人诵读会"等一系列活动。"国学文化节"注重发挥学生的主体作用，"弘毅学生讲坛""读《论语》，学修身"团日活动等都是学生自行设计的活动。在这些活动中，学生不只是参与者，还是策划者和组织者，极大地激发了他们参与活动的积极性。"国学文化节"中，人文学院还发动《中国古代文学》国家级教学团队的全体教师积极参与为校园学知识竞赛出试卷、建题库、当评委，发挥了教师在学生活动中的积极作用，形成了师生互动，取得了较好的效果。

（三）大力开展校园行为文化建设

校园行为文化"包括校园内人们的日常言行和开展的各种娱乐性、学术性活动，是校园日常生活中人们最经常表达的、最直接感受的活的文化形态"。将中华优秀传统文化融入高校校园文化建设，需要高校大力开展校园行为文化建设。高校要有计划地组织中华优秀传统文化社会实践活动，例如组织学生参观历史名胜古迹、文化遗址、传统文化博物馆等，有助于大学生对中华优秀传统文化有更直观的感受。高校也可以依托地方传统文化资源，与地方政府共同建立传统文化教育与实践基地，让大学生可以得到更系统的中华优秀传统文化教育。例如，广东省的许多高校组织"龙舟协会"，让学生在大型龙舟赛中感受中华优秀传统文化的魅力。

大学生社团是高校校园文化建设的重要载体。高校要从经费投入、组织管理、后勤保障等各方面大力支持中华传统文化类学生社团。通过协助大学生社团举办知识竞赛、文化讲座、读书会等活动，让参与活动的大学生学到知识，得到锻炼，从而对中华优秀传统文化产生浓厚的兴趣。高校还应充分发挥校园传媒的宣传作用，向全校师生员工传播中华优秀传统文化。校园传媒既包括传统的校园传播媒介，如校园广播、橱窗、宣传栏以及校报校刊等，也包括以QQ、微博、微信为代表的互联网新媒体。高校既要重视传统校园传播媒介的基础宣传作用，如在校园广播中开设有关中华优秀传统文化类的节目、在宣传栏内开设传统文化专栏、在校报校刊上多发表传统文化类文章等。高校也应顺应时代发展趋势，利用互联网新媒体在学生群体中的重大影响力，重视互联网新媒体平台建设，与学生就传统文化问题进行互动以及传统文化知识有关比赛等。

（四）加大校园物质文化建设

校园物质文化以实物形态表现出来，主要指学校的教学设施、生活设施、校园自然生态环境等。校园物质文化是校园文化建设的物质保障，将中华优秀传统文化融入高校校园文化建设中需要高校加大校园物质文化建设投入。教材是课程的主要载体，高校有必要加强中华优秀传统文化的教材建设，组织以专家学者为主的高水平中华优秀传统文化教材编写队伍，编写出适合大学生群体特点的高质量传统文化教材。高校还应加大对中华优秀传统文化类图书资源的投入，增加中华民族历史、中华民族传统美德以及中华优秀传统文化类书籍的数量，让大学生接触更多优秀传统文化类书籍。

高校还应将中华优秀传统文化元素融入校园环境建设中，如在校园内增加具有中华优秀传统文化底蕴的建筑，增设中国古代名人雕像，在教室里、楼道上铭刻古代诗词、名言警句等。例如，在岳麓书院基础上发展起来的湖南大学，用传统文化"上墙"的办法，将岳麓书院优秀传统文化不断物化、固化，让师生随时随地都能"面壁"沉思，在潜移默化中感受先贤们的大师风范和赤子情怀。让师生时刻置身于充满中华传统文化韵味的校园环境里，润物细无声地接受中华优秀传统文化熏陶。

第四节　高校校园文化之思想政治教育功能的实现途径

一、校园文化通过校园精神建立统一的奋斗目标

文化具有凝聚功能，它使具有相同文化背景的人容易亲近、相互理解，并产生相同或相近的思维和外在行为，文化心理学将这种情况称为认同。认同有三个层次，我们熟悉的对某一习惯或行为的认同是最浅层次的认同，而对于某种思想观念的认同则是中层次的认同，最高层次的认同则是人们的信仰、信念的认同。思想政治教育的实施就是建立在共同的政治目标的基础上，并使人们朝着共同的政治目标而奋斗。因此，校园文化思想政治教育的功能是否充分发挥，取决于广大师生在思想观念、价值理念和理想追求等方面是否达到高度认同。由此可见，校园文化思想政治教育要时刻紧扣人们信仰、信念以及共同的价值观，只要抓住这个核心，使师生的价值观朝着同一方向塑造，校园文化的思想政治教育功能才能达到教育的真正目的。

校园精神在校园文化的构成要素中占有重要的地位，它是校园文化的核心，同样是凝聚校园文化精神灵魂的实质表现，决定着校园文化的思想形态和物质形态，是各大高校相互区别的关键所在。校园精神通过建立共同的价值观，使广大师生决定自身行为和批判他人的行为，这种价值观和社会主流文化弘扬的精神一致，就会促进广大师生对社会文化的接受程度，而这也恰好是高校思想政治教育任务的体现。21世纪以来，在社会高校发展进程中，建设具有自身特色的、努

力与社会主流文化的价值观相一致的校园精神是一重要的任务。特别是那些蕴含校园精神的校园文化就是在对人才的熏陶、指引、培养过程中实现其思想政治教育功能。

二、校园文化的浓厚氛围利于思想政治教育的开展

文化对人类产生的影响，是通过人们的思想观念、行为习惯融入特定人群中，达到和谐美好的状态。这不仅有利于自身个体的发展，还将推动整个群体的进步。通过文化这样一个特性载体，在浓厚氛围的渗透和熏陶下，营造出一个良好的教育环境。研究表明，教育只有在和谐、融洽的氛围中才能发挥实效，但若是教育的环境"乌烟瘴气"，则不仅无法实现预期的教育目标，可能还会产生一定的负面影响。由此可见，良好的教育氛围对校园文化的思想政治教育功能的发挥起着推动和促进作用。

校园环境通过物质环境和人际关系环境来营造良好的氛围。人际关系是校园环境中对思想政治教育影响最大的因素，只有一种相互信任、融洽的人际关系氛围才能使思想政治教育具有可行性。校园中的人际关系主要包括教师之间、学生之间和师生之间的相互关系以及在此基础上所产生的人际氛围。这些和谐的人际氛围为思想政治教育工作做了很好的铺垫。另外，校园物质环境也对思想政治教育产生一定的影响。校园物质环境的整洁高雅以及教育设施的先进化，对提高全体人员的精神追求和审美情趣都产生了催化和渗透作用，使人们的精神境界得到质的升华。因此，思想政治教育通过校园环境对人的影响要比单纯的说教深刻持久得多。

三、校园文化通过文化活动与思想政治教育相融合

文化是文化形式和文化内容的统一体。从本质上讲，一定的文化是一定社会政治和经济在观念形态上的反映。思想政治教育的目的就是要使人们运用合法合理的手段实现自身的政治经济利益，严厉制止任何一切以不正当手段为自己牟利的行为。

校园行为文化的表现形式有很多，其中校园文化活动是最常见的方式，也是校园文化的重要组成部分，同时，它更是联结教师之间、学生之间以及师生之间的纽带。而校园文化要想具有思想政治教育的功能，就必须与思想政治教育的内容水乳交融。目前，很多高校通过校园文化活动展开思想政治教育已经得心应手并且初见成效。例如，高校内建立的社会公益社团，定期或不定期地就会组织社员们到周边城市进行公益活动，如看望留守儿童，照顾养老院的孤寡老人，在马路上当公益交通指挥员等。通过这些公益活动，让学生在深刻感受到自身价值的

同时，还能提高他们的社会责任感和对美好生活的珍惜之情。我们不难看到，积极健康的校园文化活动可以让思想政治教育呈现事半功倍的效果，让广大师生特别是青年学生在亲身经历的活动中自觉自愿地接受思想政治教育。

四、校园文化通过舆论与制度制约不良行为

文化和所有其他意识形态一样，有包容性，也有排斥性。从校园文化发展过程来看，它不仅能够实时吸取先进的社会文化，而且，对于不良的思想和行为具有客观的排斥性，为了更好地发挥校园文化的思想政治教育功能，可以从以下两个方面来制约人们的行为。一种是管理制度，又称为"有形手段"，它是校园文化发挥教育作用的基本前提。说它有形，是因为它通过文字这种实体，将约束全体成员行为的规定表达出来，规定了人们可以做什么、不可以做什么，应该怎么做、不应该怎么做，并对触犯规定的行为予以处罚。如果人们渐渐地习惯了这些正确的行为方式，那么用这些"有形手段"所产生的约束作用也就逐渐变成了一种师生自觉的、本能的要求。另一种是校园舆论，可称为"无形手段"。通过高校的广播、校园网、报纸杂志等平台形成公共舆论导向，宣传正面、积极、健康的信息，这是思想政治教育的重要力量。校园舆论以广播、校园网、杂志等方式作为舆论工具，帮助广大师生明辨是非、扬善抑恶，建立一种看不见、摸不着的舆论氛围约束和调节人们的思想观念和行为规范。因此，校园文化思想政治教育功能的发挥，既要建立在严格的、科学的、可操作性强的规章制度上，来真正贯彻落实到全体成员的行为方式，又要加强具有约束力和创造力的舆论导向，这样才能真正实现思想政治教育的功能。

参考文献

[1] 吴晶，胡浩. 习近平主持召开学校思想政治理论课教师座谈会［J/OL］. 北京. 新华社，2019，[2023-03-28]. https://www.gov.cn/xinwen/2019-03/18/content_5374831.htm.

[2] 中共中央办公厅 国务院办公厅印发《关于加强网络文明建设的意见》[J/OL］. 北京. 新华社，2021，[2023-04-28]. https://www.gov.cn/xinwen/2021-09/14/content_5637195.htm.

[3] 吴晶，胡浩. 习近平：把思想政治工作贯穿教育教学全过程［J/OL］. 北京. 新华社，2016，[2023-03-28]. http://www.xinhuanet.com/politics/2016-12/08/c_1120082577.htm.

[4] 齐立石. 大学生思想政治教育[M]. 成都：电子科技大学出版社，2017.

[5] 马军红. 大学生思想教育对策与模式发展研究[M]. 长春：吉林出版集团股份有限公司，2019.

[6] 柳琼，韩冰，张薇. 大学生思想政治教育对策研究[M]. 长春：吉林出版集团股份有限公司，2020.

[7] 王历荣. 大学生思想政治教育实践创新研究[M]. 成都：电子科技大学出版社，2017.

[8] 闫晓静. 大学生思想政治教育创新研究[M]. 成都：电子科技大学出版社，2017.

[9] 杨睿. 微时代背景下大学生思想政治教育创新研究[M]. 长春：吉林出版集团股份有限公司，2020.

[10] 蔡静俏，袁仁广. 高校校园文化建设与发展研究[M]. 长春：吉林文史出版社，2021.

[11] 周国桥. 高校校园文化建设管理研究[M]. 天津：天津科学技术出版社，2018.

[12] 雷雨. 新时期大学生思想政治教育工作模式创新研究[J]. 活力，2022（18）：59–61.

[13] 刘光斌，夏雨轩. 习近平高校思想政治工作论述的三重内涵——基于大学生

思想政治教育的视角[J].大学教育科学,2022(5):39-47.

[14] 何春雨,李昱盛.浅谈"90后"辅导员如何开展"00后"大学生思想政治教育工作[J].活力,2022(15):67-69.

[15] 吴碧珠.浅谈高校班主任应该怎样创新大学生思想政治教育工作[J].湖北开放职业学院学报,2022(15):12-14.

[16] 吴昊."互联网+"背景下党建文化对大学生思政教育工作的思考与研究[J].攀枝花学院学报,2022(4):112-118.

[17] 杨晓光,王爱芹.互联网经济时代大学生思想政治教育工作的路径创新[J].现代商贸工业,2022(17):215-216.

[18] 何秀成,唐致刚,朱文涛,等.新时代大学生思想政治教育工作面临的问题及对策[J].高教学刊,2022(18):182-185.

[19] 史小倩."三全育人"视域下红色文化融入大学生思想政治教育工作研究[J].大众文艺,2022(12):125-127.

[20] 林佳音.伟大建党精神融入大学生思想政治教育工作探析[J].浙江交通职业技术学院学报,2022(2):49-53.

[21] 闫晓静,孟悌清,回娅冬,等.新媒体时代大学生思想政治教育工作的机遇与挑战[J].湖北开放职业学院学报,2022(11):69-70.

[22] 王海波.新形势下大学生思想政治教育工作路径探析[J].齐鲁师范学院学报,2022(2):58-63.

[23] 刘慧聪.融媒体时代大学生思想政治教育工作创新探析[J].华东纸业,2022(2):123-125.

[24] 段立.新媒体时代大学生思想政治教育工作的"变"与"不变"[J].传媒论坛,2022(2):111-113.

[25] 凌俊.新媒体时代大学生思想政治教育工作创新路径探析[J].湖北开放职业学院学报,2021(24):5-6.

[26] 薛岚心.新时代大学生思想政治教育工作的挑战及路径研究[J].佳木斯职业学院学报,2021(10):23-24.

[27] 于陶.大学生思想政治教育工作评价方式方法分析[J].科教导刊,2021(26):64-66.

[28] 杨希燕.以党史教育促进大学生思想政治工作质量有效提升[J].学校党建与思想教育,2021(12):20-23.

[29] 张岩.互联网时代大学生思想政治教育工作策略[J].辽宁工业大学学报(社会科学版),2021(3):99-102.

[30] 王溢馨.新媒体时代大学生思想政治教育工作探析[J].洛阳理工学院学报(社

会科学版），2021（2）：85–88.

[31] 王楠. 新时代大学生思想政治教育工作面临的挑战及其对策 [J]. 宿州学院学报，2020（8）：8–11.

[32] 毛娅萍，邓绍艺，马慧. 新时代高校党建与大学生思想政治教育工作协同创新路径探究 [J]. 昆明冶金高等专科学校学报，2019（6）：10–13.

[33] 杨钰婷. 新媒体环境下大学生思想政治教育工作的对策研究 [J]. 高教学刊，2019（24）：162–164.